AF582996

Fervores del alma

Velimir

FERVORES DEL ALMA
© Velimir

Editado por: Corporación Ígneo, S.A.C.
para su sello editorial Ediquid
José Olaya 169, Ofic. 504, Miraflores. Lima, Perú
Primera edición, noviembre, 2024

ISBN: 978-612-5160-94-2
Tiraje: 50 ejemplares

Hecho el Depósito Legal en la Biblioteca Nacional del Perú N° 2024-10963
Se terminó de imprimir en noviembre de 2024 en:
ALEPH IMPRESIONES SRL
Jr. Risso Nro. 580 Lince, Lima

www.grupoigneo.com
Correo electrónico: contacto@grupoigneo.com | Teléfono: +51 955 071 270
Facebook: Grupo Ígneo | X: @editorialigneo | Instagram: @grupoigneo

Colección: Nueva Voces

Contenido

Anhelos del corazón

Estoy noqueado,
pero sobrio y borracho seguiré teniendo el mismo corazón.
Eso no te lo arrebata ni el diablo,
y ahora en tus momentos de aflicción,
lucha y sigue en la compañía del escudo
de nuestro creador que va con todos,
contigo y conmigo,
hasta que el reloj de tu recorrido en esta vida
se detenga y ponga toda vivencia,
todo recuerdo,
todo sentimiento,
en un viaje a la eternidad
a un reencuentro con nuestros seres queridos,
que es el anhelo natural de todo ser humano
fuera de toda ideología y religión.

Despertar y amanecer

Y tanto te amo,
que la cima de la montaña
no es distancia para nuestro amor.
El destino es un paso incontrolable,
donde la unión entre almas
es sagrada de acuerdo al pétalo de la flor
que despierta cada día
construyendo un mundo distinto
donde reside el verdadero amor.
El poder y la magia del amor
van en contra de todo obstáculo,
dominando cada paso en el recorrido de la vida,
y ese afiato y compañía
es la unión verdadera de las almas
donde sobreviven las maravillas del amor eterno.

Enigmas del destino

Arrancamos de la muerte
con momentos de felicidad,
pero la muerte nos alcanza
cuando el destino otorga nuestro fin aquí,
y, sin embargo, todo humano sostiene
su propia fe y esperanza
en que hay algo más allá de la detención de nuestro palpitar,
«algo más allá de aquel túnel
que toda alma anhela cruzar
en su conciencia,
y también en su inconsciencia».

Sintiendo morir

Mi camino va al suicidio en ocasiones,
al igual que al ser que más amé en este mundo, «mi madre»,
solo el amor de los míos lo detiene.
Y mientras hay mucha basura que he conocido en esta humanidad,
también existen almas de luz
que querré volver a ver en la eternidad.
Aquellos son los que en algún momento
apagaron mis lágrimas
cuando en este mundo de mierda
sentía morir.

El don de la imaginación

El anhelo de crecer
siempre existirá en el corazón
antes de vuestra partida hacia el infinito.
En la imaginación existe un don
que pone en ejercicio y actividad
lo que permanece allí, muy dentro,
en los rincones del corazón.
Allí resplandecen en ciertos instantes,
sentimientos que de alguna manera
intentan cambiar nuestro propio mundo.
Un mundo lleno de fantasías e ilusiones
que de alguna forma se adentran
en un camino sincero y honesto
para con nuestra propia alma.

Brincando por la vida

«Lo que pudo suceder y nunca sucederá».
Los amores que viajaron
en los poderes mágicos de nuestra adolescencia,
lo místico de envolverte
y emprender caminos en los enigmas desconocidos
de la realidad y no encontrar respuesta,
el oculto mundo de una especie que somos nosotros,
unos héroes que cuando llega la agonía
clamamos vida,
«un proverbio de querer nacer y nunca morir».
Somos eso,
una inteligencia resguardada en sitios ocultos
donde algún día existirá alguna explicación.

La base de tu ser

Prudencia le llamaban a la esperanza,
amor a la lujuria,
sentir al soñar,
ilusión a lo inalcanzable,
momento al instante,
perdón a la disculpa,
morir a no existir,
maravillas a los tesoros,
conquistas a ser un dueño,
llorar a lamentar,
sexo a la satisfacción,
honor a ser importante,
tolerancia al aguante.
Y entre todo esto se esparce lo que es el «ser».
Un humano, un ser,
que por sobre todo lleva en el alma y el corazón
algo llamado «sentimientos».

El hombre y su camino

Todo hombre elige su camino,
un camino alimentado por el sabor y el aroma de su propia miel,
y aunque sean miles de kilómetros recorridos en busca de lo perfecto,
todos seremos imperfectos, tal cual,
como nuestro primer aliento cantó la canción del amor y el odio
en todo sentimiento de nuestro corazón.
El juicio de unos a otros,
muchas veces es paloma y serpiente,
pero como tal, la vida camina en un tren sin destino,
donde todo enigma gobierna nuestro camino,
que será por siempre el sol
que alumbró los pasos de nuestro destino
en la maravillosa y hermosa proeza
que es el «existir».

El fuego del amor

Dime un «sí» hoy, y mañana muéstrame un «no».
En aquellas respuestas sobrevive la incógnita
de tu corazón y tu sentir,
así que siempre prefiero la duda,
una duda donde sobrevive el fuego de la pasión.
Quien duda, sostiene un diamante de locura
donde existe el quemar del querer y no querer,
y allí se erradica la fantasía
de la verdadera forma de amar.

La sonrisa de la inocencia

La ignorancia viva de confrontarse y pelearse por ciertos días.
Un enfrentamiento entre religiones y toda celebración.
Una patología ridícula de la humanidad.
Lo importante, y donde no existe un pago en nuestra existencia,
es ver a cada niño sonreír en su inocencia e infancia.
Así como, tal vez tú, gozaste en algún momento de una sonrisa,
que por mal que mal,
aunque todo evento en este universo sostiene lo subliminal,
todos tenemos poder de decisión
cuando hemos logrado con el paso de los años
el real discernimiento.
Y ayer, hoy y mañana,
lo único que cambiará la humanidad,
es ver a todo niño de todo nuestro mundo
con una sonrisa en su corazón.

El infierno en esta humanidad

No le temo tanto al infierno que se comenta en los libros.
El verdadero infierno ocurre aquí
cuando los niños inocentes y gran parte de nuestra sociedad
no hemos tenido sustento para sobrevivir.
El verdadero infierno son las lágrimas
de ver partir a nuestros seres queridos
y no tener un consuelo bastante firme
para apagar aquellos dolores y sufrimientos.
De cierta manera, aquí, en esta humanidad,
se vive un infierno donde no existe escapatoria.

El relato de un solitario

«Me lo advirtieron», pero solo fui sincero,
y ahora estoy solo como un perro.
Un perro que sobrevive cantando su propia canción,
donde después del fin existirá un comienzo.

El valor del pasado

Tienes un enorme futuro por delante,
eso siempre te dirán.
«Hijo, lo enorme siempre será nuestro pasado,
y así, entre el vivir y la subsistencia,
algún día seremos grandes».
Nunca lo olvides, hijo,
el pasado sostiene un peso incomparable
para con tu futuro.
«Te amo, hijo,
algún día lo entenderás».

Las piezas de la vida

El rompecabezas de tu existencia
consta de alegría, nostalgia,
felicidad y melancolía.
Todo esto son momentos
que anhelan llegar a una cumbre
que lleva por nombre el haber
«existido».
Y con tan solo tener la certeza
de haber «vivido»,
las fantasías e ilusiones de tu alma
han cumplido la proeza
de todo latido
de vuestro corazón.

El vaivén de tus letras

Cómo pueda,
solucionaré una coma,
pero no soy perfecto como humano.

Pero en sí,
toda emoción y sentimiento
que viene de lo alto
sostiene una perfección eterna.

Y cuando el vaivén de tu existencia
reclame tu dignidad
y lo que existe en tu alma,
dile con la certeza
que emana de tu corazón,
que por siempre fuiste
«sincero en cada paso de tus letras».

La sinceridad del existir

«Solo sé que te amo
a pesar de toda circunstancia».

Todos llevamos sangre entre las venas,
eso es sinceridad.
Amar por sobre todo,
la lejanía y la cercanía
de toda vuestra semejanza.

Todo ser humano
usa una máscara
en algún momento de su existencia,
pero todo ser anhela
en todo instante de vida
ser partícipe del verdadero amor,
que es lo único
que nos brindará la «paz»
para seguir aquí sobreviviendo.

Las miras del tiempo

«Sentarse en una silla,
recostarse a ratos en la cama y meditar,
puede ser una solución,
pero eso no basta».

Tenemos que mirar hacia adelante
con prudencia, sin olvidar el ayer,
y así verás que tu hoy será distinto.
No hay mañana sin el ayer,
ni tampoco un hoy sin un mañana.

Recorre todos tus tiempos
y obtendrás cierta calma.
El ayer ya fue,
pero tiene gran importancia,
el hoy es la victoria de estar vivo,
y el mañana, la ilusión
de querer gobernar todo tu ser
hacia un futuro pensable,
pero un tanto «incógnito».

Tu viaje y nuestro encuentro

Una lágrima
que ha caído en el desierto
y no se disuelve,
es la prueba máxima
de que allí existieron
los verdaderos sentimientos.

Y el rayo de aquella nube
que fue disuelto por tu corazón,
es la muestra perfecta
de que algún día
nos volveremos a encontrar.

«Te amo, mi viejita,
la mente de Dios es inentendible,
y en aquella mente y corazón,
algún día habrá una respuesta certera
a todo nuestro paso por aquí».

El camino de tu suerte

Así es la procedencia de todo,
«una duda y una convicción».

Y por más que tú y yo
querramos obtener la explicación,
cada mañana será distinto,
y así, se diluye «todo»,
es decir, en la esperanza
del recorrido del reloj
se mantiene lo incógnito de la vida,
el naipe que marca tu destino
en el caminar de tu propia suerte.

Las vueltas de tu historia

Estoy derrotado, muerto,
y un poco desolado.

Pero sé que el mañana
tiene puertas con dirección
a ciertos paraísos,
«y tú, en cada amanecer
eliges tu propio paraíso».

La luz de la vida

He razonado un par de veces.
En ocasiones me siento muerto
y otras veces vivo,
y aunque eso le sucede a cualquiera,
moriré algún día en mis propios bosques
clamando la libertad
que sostienen el sol, la luna y las estrellas.

«La libertad del sol que se pierde por la noche,
y la libertad de la luna y las estrellas
que se desaparecen por el día».

Y cuando en ciertos momentos
la luna, el sol y las estrellas
se llenan de luz,
nadie las podrá apagar.

Eso representa el alma
y el corazón de todo vagabundo
que por siempre buscará amor en la vida,
a pesar de todo golpe
y caídas en su propio existir.

Los rincones de mi ser

Rodeado por mi propia ausencia,
camino en mi silencio
divulgando mis alegrías y sufrimientos
en la eterna soledad de la noche.

Voy caminando a Boston y Chicago
en mis sueños,
mientras el despertar de mi fantasía
se desvanece entre el canto del gallo
y los rugidos de mi gato al amanecer.

Pero, ya he conocido Boston y Chicago
en mis sueños,
y esos placeres de aquellos sueños
son la bienvenida en cada despertar
a los ruidos de la paranoia de un loco
que será historia en su tierra,
una tierra en el verdadero aroma del amor,
que con su fragancia
conquistará su propio mundo
cabalgando la ilusión de cada letra,
que en el fondo de su ser
no le interesan ni Boston ni Chicago,
solo le importan las redes
que entre la mar azulada y un poco turbia,

algunas veces conquistará algunos corazones
de cada ser allí en los rincones de su corazón,
donde su tumba dejará
los placeres del verdadero amor,
«y eso es, poesía eterna».

Ni inmortal, ni héroe, «solo un mortal»

Y aquí, con mi corazón
y todos mis errores,
sigo brindándoles
todo lo que puedo.

La eternidad les explicará algún día
todo lo que ocurre
detrás de la mente y del corazón
de su Padre.

Desperté por la mañana
y me creía inmortal.
Empezó a subir la temperatura
y el sol empezó a quemar,
así, sofocado y rostizado,
entendí que no era así,
y me puse a pensar
que tal vez podría ser
un gran héroe.

Pero, en Plaza Carrera,
hubo una riña
de tres perros contra un gato
y lo mataron, lo destrozaron,
no pude hacer nada,
y así comprendí
que tampoco era un héroe.

Al día siguiente
sonaron las campanas de la iglesia,
se sentía llanto y bullicio,
y con la intriga
que sostiene cada ser normal,
salí a ver qué sucedía.

Todo era una ceremonia
dando la despedida
a uno de nuestros semejantes,
«era un funeral»,
y ahí me di cuenta
que soy un simple mortal,
«un humano que solo tiene cuerpo,
alma, mente, corazón y espíritu,
y en cierto instante
tendré que partir hacia la eternidad».

La rima de la sed

Y, ¿a dónde le ponemos, compañero?
¿Su chelita, ron o tequila,
o un gran vino tinto?

Ando en mi motocicleta
como marioneta,
cantando y bailando
las canciones de mi abuelo
que fue un hombre bueno.

Y yo, ni tan malo ni tan bueno,
soy quien soy,
pero con un corazón
algunas veces dolido y adormecido.

Ando con una enorme sed
e iré a compartir
a donde tú estés.

La noción de los borrachos

Se sentían envidiosos,
se sentían mediocres,
pero no sabían
que ellos tenían muchos dones
que no sabían desarrollar.

Eso me causaba tristeza,
ya que la negatividad
me llegaba a mí
cuando sufría por las noches
escribiendo mi melancolía
y mi nostalgia
en base a un dolor de mi alma,

y siendo que ellos tenían
algo mucho más importante
allí dentro de su ser.
Lo podían realizar a cada instante
y no se daban cuenta,
y eso era «el amor fuera de todo veneno»,
algo tan importante
que cambiaría la humanidad.

Y yo, borracho y empastillado
en mi locura, me daba cuenta.
Y ellos no.

Eso me causaba
«decepción, pena y rabia».

«Tocándose a sí mismo»

Palabra palabra,
sentimiento sentimiento,
emoción emoción,
duda duda,
encuentro encuentro,
motivo motivo,
acción acción,
sentir sentir,
amar amar,
llorar llorar,
reír reír,
tristeza tristeza,
cantar cantar,
volver volver,
amor amor,
«y por sobre todo, conocerse a sí mismo».

«Eso mueve los caminos de la vida».

La magia de las horas

Nos amparamos en un descanso perpetuo
y a la vez decantado,
despertamos con amor y rabia
cada día en nuestra inconsciencia,
y al té y al desayuno de las mañanas,
cuando logramos despertar en realidad,
decidimos lo que queremos
que ocurra en el transcurso de nuestro día.

Pero, aquella decisión,
cuando avanza cada día el reloj,
hora a hora, el minutero nos muestra
que nuestra decisión,
que se definió al mirar el sol por la mañana,
la domina netamente el poder mágico del «destino».

La tristeza de los locos y los vagabundos

Espera pacientemente,
hay una sombra
que acompaña a los locos
y a los vagabundos de día,
y una luz
que los protege por la noche.

Y cuando te mires al espejo
«grita»,
solo los locos y los vagabundos
escucharán el eco
que sobrevive detrás de ese túnel,
de ese espejo
que muestra tu tristeza
que intenta doblegar tu corazón
cada día.

Nadie lo entenderá,
cada uno por siempre
será el protagonista
de su propia vida.

Las chicas de mi juventud

Fui un tanto soberbio e imbécil
en mi juventud,
buscaba chicas difíciles,
les escribía cartas de amor,
una especie de poemas,
creyendo que eso
iba a ser una conquista eterna.

Intentaba conquistarlas así,
«en mi inocencia creía
que esto podía disolver
lo que como creía
que eran estas chicas,
pero yo era muy terco
y seguía sosteniendo
el valor de los poemas,
y al final me di por convencido
de que esas chicas
no eran tan difíciles,
se metían con cualquiera,
se acostaban y emprendían romances
con quien tenía más dinero,
más riqueza,
no les apasionaba
el real sentimiento del verdadero amor
y solo amaban lo material».

Pasaron los años
y dentro de mi locura
que me tuvo encerrado por mucho tiempo,
logré superarla y busqué otros rumbos.
La superación fue con un poema al cielo,
«una oración a mi Dios»,
que con el recorrido
de unos pocos años
obtuvo respuesta y encontré
a la mujer de mi vida,
Karen Macarena,
que me dio lo que ahora
es mi razón de existir,
«el fruto de mi esperma, mi generación».

Por eso la amo,
porque fue un regalo de Dios,
algo que viene del cielo.

En el día de hoy,
esas chicas que piensan solo en el dinero,
me dan ganas de «vomitar»,
aquellas chicas no saben
lo que son los verdaderos sentimientos,
no saben en realidad
lo que es el verdadero amor.

La cruz y el precio de tus tiempos

Creo en el mañana
y no me decepciono del ayer,
«eso es, el precio y la cruz
de tu hoy
que cargará por siempre
tu futuro».

Aventuras del pasado

Si me ves algún día en algún lugar,
no me digas que me «amas»,
solo dime que fui muy importante en tu vida,
«con eso basta».

Recuerda,
que los amores del pasado son el fruto
que te hizo ser grande al día de hoy.
Todo eso es,
el recorrido de la vida que atraviesa de sol a sol,
de primavera a primavera en cuanto a todo ser natural
en las rotondas del existir
donde ha existido una conexión de sentimientos un tanto especial,
«eso nada más»,
un golpe de un cariño eterno
que marcó nuestros años del pasado.

El pensar e imaginar con sentimientos

Había ciertos días que pensaba e imaginaba,
allí sentía que en aquello existía una leve similitud.
Cada modo te llevaba en formas diferentes a querer intentar
dilucidar lo que en realidad habita en el infinito.
Pero entre aquellas maneras de anhelar conquistar esos enigmas,
me di por convencido de que la cuota o el agregado fundamental
para descubrir la lejanía que permanece más allá del fin
son los sentimientos.

Los sentimientos por siempre serán dueños del «pensamiento y
la imaginación»,
y allí ocurren y suceden las conquistas de vuestro propio ser,
que camina y brinca siempre en lo «inexacto».
Pero, cuando la verdad y la razón del sentimiento
te sostienen como roca ante la amenaza de las marejadas,
todo lo podemos transformar en lo «exacto».
Y allí, se da por manifestado el verdadero poder del pensamiento
y la imaginación.

La profecía de un loco

No te miento, dijo la «lealtad»,
digo la verdad, quiso decir el «mentiroso».
Pero, entre el vaivén de la mentira y la verdad,
el amor conquistó todo corazón
y volvió a acercar la imperfección humana
con dirección a una paz eterna,
que en algún momento gobernará nuestro paraíso
en otra vida, perdonando vuestros errores como seres naturales.

Caminos de amor

Te conquistaré hoy y mañana,
y tal vez, como en todo pasado de adolescencia y juventud,
anduvimos en desamores.
Tú y yo por siempre en realidad fuimos
la ilusión y el verdadero amor
en todos nuestros tiempos del vivir.

Sueños que por siempre fueron escritos
para un porvenir lleno de desafíos
en una ruta de alegría, melancolía,
nostalgia y fantasías
que al día de hoy son la unión de dos almas
que nacen y mueren en una historia
que marcará lo más preciado,
«nuestro nido con hojas y ramas de un amor sobrenatural
que formamos con un eterno amor
con vía a un camino grandioso
en la compañía del nacer de nuestros retoños amados».

El inicio de los rumbos

Compréndelo, hijo, en cualquier instante el amor desafiará tu corazón.
Te buscarán varios corazones, y ahí, tú,
con una eterna sabiduría,
decidirás en la nobleza de tu corazón
quién será tu compañía hasta el resto de tu vida.

La libertad de una lágrima

Se ennegreció mi alma cuando por años de mi vida creí
que la amargura, la nostalgia y la melancolía no sostenían libertad.
Tardé tiempo en saber que una
«lágrima» llena de tristeza provoca la verdadera libertad
de los vacíos de agobio que atrapan tu ser,
algo que por siempre creíamos que no tenía solución.
Sin embargo, ahora puedo saber
que la memoria oculta del corazón
sostiene el grandioso poder en sus lágrimas
sobre toda muralla de aflicción.

El sol y su destino

Las rocas no son eternas,
se deshacen con el tiempo.
Los milagros dan vida
y el asesino sonríe
viendo la muerte entre los silbidos
de una vida llena y vacía.

Donde canta por la mañana
el gallo su canción,
despertando al amanecer
los pétalos de la flor
que conquistan nuestros sueños
en el vivir y morir
cuando el sol aparece
matando lo oscuro
pero sin poder conquistar
los vientos del destino.

Esquizofrenia, locura, tristeza y otra vida

Alma blanca pionera del viento
con sus ojos tristes
lloró sus lamentos
en la agonía del pesar
de ser y no estar.
Bailando y sonriendo
lloró su tristeza,
y con una manta blanca
tapó su cabeza
cuando el horizonte
se vino encima
envenenando sus sueños
y fantasías.

Todo presa de la serpiente
que hacía y deshacía,
mordiendo su corazón
en las noches,
en las pesadillas,
en la habitación
llena de miedos
y la soledad,
compañera en amor,
apaciguaba su clamor
de la paz ficticia
que causaban sus pastillas.

Dominando la lujuria
de locos los mendigos,
los borrachos y los seres
que nunca serán comprendidos,
seres amables, villanos y vulgares
para una sociedad normal.
Pero un corazón eterno
que marcará la razón
del verdadero sentir y
pensamiento que nadie
entenderá.

El perro y los gatos

La paz en los locos no se elige,
solo en algún momento llegará.
Son montes y bosques oscuros
que anhelan morir y vivir, «las dos cosas».
Todo es una canción,
una melodía eterna,
donde no existe un final.

Imposible un allanamiento
a estas dos casas llenas de sentimientos,
«están pareadas».
Aquí hay una unión de aventuras de sangre,
algo que llenará las memorias
y los corazones de nuestras generaciones
con nuestras historias
y todo recorrido de vida
que al día de hoy, «es sabiduría».

Amparo y protección
cruz de fe y esperanza,
son los bosques oscuros
en la claridad de estrellas
atrapando la inocencia
de los perros bravos
mordiendo sus propias piernas
y acariciando su cola.

Su enojo se convierte
en sonrisa,
mientras los gatos burlones
se reían del perro en su enojo,
no conociendo el viento
de su propio maullido
que fue su propia traición.

De conocer un amigo,
«el gran perro leal»
que, muerto y vivo,
nunca los quiso matar.

El llanto y su camino

El cántaro de un loco,
la majestad que habita
en una pelusa,
los ríos ocultos
que no ve tu alma
en el cansancio
de la fortaleza
adolescente de la cruz.
Vulnerable que atacó
tu infancia,
mordiendo su flor,
su sentir y la luz
del camino vivo
en su cantar mágico
de hadas con fantasías,
lujuria y versos
en su sendero.

Queriendo conquistar
los mares y los cielos
en su propio amar,
la lejanía y la cercanía
tormentosa en sus encantos,
libres y aprisionados.

Como una flor y un mendigo,
quiso despertar en alegría
al amanecer,
bebiendo la gota del rocío
natural del universo
vivo que fue prometido.

El valor de la conciencia

Era día martes, «no lo sabía», estaba un tanto adormecido y borracho,
pero sabía en lo profundo de mi alma,
que nunca podría conquistar el destino,
pero sí, mis «sueños, fantasías e ilusiones».
Eso era muy fácil, te tomas un trago, te drogas, te adormeces
y ya está todo concretado en cierta manera,
a pesar de que aquello igualmente sostiene un valor en otros ámbitos del vivir.
Lo difícil siempre era estar en paz con uno mismo, allí sobrevivía un precio llamado
«conciencia», y en aquello no existe ni la suerte ni los milagros,
solo existe la sinceridad que has aplicado en tu vida.
Un valor tan enorme, que condena a todo ser humano
en su propio silencio para bien o para mal.

Pasos sinceros

«¿Me sugieres no ser borracho?».
«Te sugiero ser sincero».
Y por más que el 1 pase rápidamente al 23,
solo el sincero entenderá los pasos
que cobran vida en base a la lealtad
aunque en tu vida mueras loco y solitario.

La ruta de la muerte

Me desayuno un cigarrillo, lo enciendo por las mañanas
en la nostalgia y la melancolía de un holgazán y un loco
que en ocasiones odia la vida.
Y después, entre aquel humo que calma y adormece mi ser,
bebo una cerveza, pero sé
que tal vez viviré más años que un ser humano natural
que permanece entre algodones alimentándose sin azúcar ni sal.
La muerte no te espera, solo llega en cualquier instante,
aunque intentes hoy huir de aquella agonía
que te llevará donde existen las respuestas
que agobiaron tu mente y tu corazón en vida.

El canto de los muertos y los vivos

No vivo tu mundo, vivo algo más.
Y hoy me siento un tanto desolado.
El mañana para mí siempre es otra historia,
la caparazón de una tortuga que algún día
se le esfumará su dureza con una canción de amor,
el bosque oscuro que merecerá la verdadera claridad
cuando los búhos ladren,
y en las ramas y encima de las hojas existan colores distintos,
cuando sientas que los insectos, las hormigas, canten su dolor
y sean escuchados al ser aplastadas,
cuando los pétalos de las flores intenten volar
despojándose de sus propios tallos que fueron su prisión,
solo y también,
cuando tú y yo comprendamos que en la derrota y la victoria
existe la felicidad.
La satisfacción de que, aunque tengamos una y mil luchas,
siempre todo será el triunfo de haber «vivido».

El dormir y despertar del alma

Escribo sobrio y borracho.
Pero, como todo artista desde los tiempos antiguos,
siempre vuelo más rápido en la imaginación y el pensamiento
con alguna toxina que es el desahogo de la vida,
las desdichas, la felicidad,
todo momento que quisiste que fuera eterno,
o tal vez, momentos que nunca quisiste vivir.

Las puertas del alma siempre serán abiertas
con algo que toque tu corazón.
Si no fuera así, todo el mundo cantaría,
escribiría y pintaría su arte.

El arte es otra dimensión donde siempre algo
abrirá las puertas de tu alma
para desahogar lo que tú crees que tiene una explicación
aquí antes de que llegue el más allá:
«la muerte», un dormir o un comienzo,
como quien lo quiera tomar en la fe y la esperanza
dormida o despierta que habita en su ser.

El silencio del alma

Y, aunque la tristeza detrás de la mirada
no se pueda ocultar,
los silencios y los secretos de tu corazón
serán eternos,
son la carrera de silbidos sin ruidos,
sin bulla,
con trancos y brincos silenciosos,
que ni el vidente, ni el brujo, ni el chamán
podrán encontrar detrás del fuego de tu alma.

Los secretos de la verdadera amistad

Se sinceraron los mentirosos,
los mediocres, los hipócritas,
los amorosos, los sinceros y los humildes,
y así, entre ellos se contaron sus secretos,
que quedaron guardados
y no fueron revelados ni en el último pálpito de su corazón.
Todo fue la sinceridad de los cuervos,
de los gatos y de los perros
que tuvieron por siempre una mutua lealtad.

El juicio a los jueces malvados

Las tumbas no están muertas
el oro no se ha perdido.
Los juicios no han cantado
todavía la victoria y la derrota
de los jueces malcriados
en la mentira y su injusticia,
marginada de su conciencia
devastada en herejías
que con tiempo y contratiempo
engañan a la humanidad
en decisiones inexactas
de sus cantos prepotentes
queriendo gobernar la existencia
del humilde y los sinceros
que corren con la verdad,
justicia e igualdad,
y por siempre como gente
lucharán convirtiéndose en soberanos y bárbaros
y, como reyes, algún día de verdad
conquistarán la humanidad.

La muerte de la paz

Un llanto cruel
apagaba mi mirada.
Se perdía la paz
de mi silencio,
y entre mares y olas moría,
vivía y agonizaba.

Mi paz,
mordiendo mis labios,
cantando y llorando,
naciendo,
muriendo,
ya no palpitando.

En la ilusión
loca y frívola de la muerte,
con sus pasos ardientes y el fuego,
infierno y soledad,
lluvia en primavera,
estrellas sin compañía,
mataron mi luna
que alumbraba mi paz.

La paz en locura
que nunca pudo
descansar.

Las piedras y sus sueños

Hemos comenzado tirando piedras
dentro de los tornados y los huracanes.
Aquellos tormentos nunca mataron nuestros sueños,
incluso, los hicieron realidad
con un canto amoroso llamado
«resistencia».

El reloj de los tiempos

Los segunderos del reloj
pueden ser retrocedidos
con el corazón y el alma,
y mientras tanto puedas venir
volviendo de ese viaje,
los sueños prometidos en aquel pasado
cobrarán realidad en algún instante.

«Recuérdalo, el pasado es el valor del hoy
y los sueños e ilusiones de nuestro futuro».

Viviendo la razón

«Y, aunque no tenga razón, lo vivo».
Todos somos así,
y en cuanto a la perfección,
el juicio siempre será ajeno
a todo mortal que solo quiso
ser feliz aunque sea algún instante.

La misión de la existencia

En la vida no existen amigos ni enemigos,
solo existen los rumbos y los propósitos de vida
llenos de sueños para quienes en realidad
nos dan la verdadera dicha y alegría
al despertar cada mañana.
Y aquello es, sostener con amor por siempre
lo más grandioso y maravilloso
que ha creado tu corazón.

Nuestras raíces eran importantes,
al igual que nuestra alma,
pero en los giros de la vida
existía la incógnita del pesar y el pasar.
Y al final todo era importante,
todo estaba sujeto a la verdadera palabra
y el consciente e inconsciente de nuestro corazón,
que es el verdadero amor por todo lo nuestro
que habita aquí,
«lo más amado en tu existencia,
y tu propio tú,
que tiene que luchar día a día
por no querer sentir la agonía de la muerte
antes de cumplir la misión del propósito de nuestra existencia
y partir en paz hacia la eternidad».

Los secretos de la tortuga y el camello

No tengo amigos, pero sí, seres especiales,
que en algún momento han sido ángeles en mi camino
con su paz y apoyo en momentos difíciles
que me han tocado vivir en mi existir.

Amigos no existen, pero sí, semejantes
que tienen alma blanca y sentimientos
de un corazón verdadero lleno de sinceridad,
bondad y honestidad en algún momento
de los caminos del vivir.

Eso se valora eternamente.
Siempre son tan pocos,
como solo en la única caparazón que tiene una tortuga,
y pueden ser dos, como el camello tiene dos jorobas,
eso nada más, uno y dos,
que me han acompañado en mi locura eterna
que morirá tierna y fiel
en los secretos de nuestras semejanzas.

El talvez, el recorrido de tu propia historia

Mañana será un tal vez,
y el tal vez tiene mucho poder
en lo que pueda suceder.
El tal vez es el símbolo del pasado,
del presente y del futuro.
Tal vez sucedió,
tal vez lo es,
y tal vez sucederá.
El tal vez mantiene la verdadera incógnita
en todos los tiempos del sucedió,
sucede y sucederá.

Gotas del cielo, ángeles y sueños

Si en la gota o en el rocío
que despierta tu corazón cada mañana,
ves los sueños que anhela tu alma,
realízalo, nadie te detiene.
Siempre habrá ángeles
protegiendo los rumbos y los senderos
en todo paso que prosiga hacia adelante en tu vivir.

La fe, la esperanza y su poder

Dios te pone las pistas, «tú las eliges»,
mientras el ateo vive sin fe y esperanza
creyendo en su ego que es rey de este mundo
en su mediocridad que todo ser humano sostiene.
Más vale vivir con fe y esperanza,
que creer en nuestros propios rumbos
que irán sin destino.

Recuerdos de faena, sacrificio y vida

Estaba acabado, me consideraba un borracho
y no lo reconocía algunas veces.
Recordaba las riñas que por culpa de un poco de droga y tragos
sostuvimos en Calama, también recordaba Iquique
cuando empezó mi pestilencia por culpa de la droga.
Y así, recordaba muchos sitios más,
tenía muchos compañeros que luchaban día a día
con sus problemas, estando fuera de casa
entre desierto y cordillera.

Era real el sacrificio, conmovía tu ser,
todo era búsqueda de alimento
para lo que más amas en tu vida.
Pocos lo vivían, las cunas de oro
y los flojos estaban quietos en sus casas
tomando vino y fumando cigarrillos
a la espera de todo gratis,
mientras nosotros los faeneros
teníamos otra mirada.

Buscábamos a ciencia cierta por siempre la supervivencia,
y aunque pasábamos noches enteras bebiendo vino,
consumiendo droga y fumando cigarrillos,
siempre el objetivo de juventud fue luchar
por los nuestros en toda aventura
incomparable con la razón de sostener
vuestra sangre y el amor de nuestras vidas,
una lucha eterna fuera de nuestro pueblo y de nuestra ciudad.

Se sentía hambre y sed en la nostalgia y la melancolía
de volver a nuestro pueblo sin la certeza
de llegar vivo o muerto,
«pero siempre había un amparo eterno y celestial».
Ángeles que por siempre acompañarán al faenero.

El pasado y sus tropiezos

El pasado no desaparece,
elonga la sensación de tu ser,
«enseña y maltrata la mente, el corazón y tu memoria,
o viceversa, alimenta en un buen sentir
las emociones y los buenos sentimientos
en tu presente por todo lo vivido
con dirección a un hermoso futuro».

Pero, los golpes recibidos de aquella congoja
y a la vez euforia, son tan necesarios
que ya no harás de tropezar nunca
en la misma piedra ni el mismo lugar,
solo si tropiezas otra vez,
será en otro escombro u otro sitio,
y todo seguirá siendo lección,
porque de eso vive el hombre,
de lecciones tras las caídas de la imperfección humana,
una imperfección que produce los relatos
de cada diálogo en nuestro vivir.

La lección eterna es que en la imperfección
por siempre existirá un diálogo entre seres
causando una comunicación sentimental, cotidiana o emocional,
y si fuéramos perfectos en la vida
todo sería un monólogo horrendo,
sin caídas ni tropiezos,
algo sin sentido a toda nuestra existencia.

El paraíso y el infierno de los locos

Había tantos y muchos que anhelaban ser locos, esquizofrénicos,
sostener el don de las letras que nacen de los paraísos
y de los infiernos de tu alma.
Pero no sabían que toda una vida
tendrían que estar lidiando con el suicidio,
«con un más allá que agobia tu alma y tu corazón día y noche,
la verdadera desesperación de los locos
donde no habita la paz en ningún momento».

Rincones y soledad

«Era un rincón mágico», me permitía dialogar conmigo mismo,
sentirme libre en la compañía de un buen trago y un cigarrillo.
Allí se vivía toda emoción, todo sentimiento irradiado
por los rayos del sol en el día.
Pero prefería la noche en soledad,
los guiños fulminantes de las estrellas y de la luna,
la aparición de la rareza nocturna de estar solo
sin que nadie metiera bulla ni ruido,
sin tener que mendigar cariño y palabras de aliento
en los desbordes letales que agobiaban mi mente y mi corazón.

Sabía que los trenes de la imaginación y la soledad
me hacían sentir libre y en mi propia compañía
que era la soledad,
como un cantautor en su escenario disfrutando sus canciones
aunque no hubiera público.
Todo era de esa manera,
me sentía a gusto, tenue, calmo y con una pasividad incomparable.
Esa era mi vida, no tener que lidiar con nadie,
sentirme tranquilo en lo que era mi locura.
Siempre fue y es así,
solo quería morder mi sentir y mi conciencia
solitariamente en los rincones de mis propios abismos
que nunca nadie entenderá.

Y al despertar regresaba la realidad,
la propia historia de tener que seguir viviendo como los demás,
eso poco me interesaba, «siempre fui distinto».
Nunca quise ser humano,
lo que anhelé mientras golpeaba dentro del vientre de mi madre
fue,
ser y nacer siendo un animal de la selva,
cualquier animal, ya que ellos nunca serán dominados,
su instinto no le teme a la muerte,
y nunca nadie les arrebatará el amor y la lealtad
que sobrevive en su corazón.

La tardanza

Domina tus miedos, de eso se trata la vida,
de conseguir tu propia libertad y tu propia victoria.
Hazlo hoy, el tarde es tan tarde
que ni el presente ni el futuro lo conocen,
más bien, el tarde es la muerte de las cosas
que quisiste realizar en el pasado y nunca sucedieron.
El tarde es tan tarde,
que es lo que hoy complicará tu futuro.
Nunca llegues tarde.
Hay corazones y almas esperando consuelo en su vivir
ahora y no tarde ni tan tarde.

La creación y el sentimiento

El cuarzo eterno sobrevive
en los choques de la naturaleza.
El bienestar mutuo de la creación,
una conexión mutua entre los latidos
de todo ser viviente que anhela nada más que, «sobrevivir».

Los pasos de la nostalgia y la melancolía
los vive todo ser viviente que tiene corazón.
«Un perro, un gato, nosotros
y cada ser salvaje donde habitan sentimientos».

«El hombre cuando puede. La mujer lo permite»

Sentían calor con mucho sol,
usaban polera ajustada,
decían por la boca tener sexo y hacer el amor
cinco veces al día y todos los días.
Yo sentía frío con mucho sol, no les creía,
yo hacía mi buena tarea cuando podía.
Eso valía mantener mi relación,
ellos solo la sostenían por la boca.
Yo la sostenía con los hechos de la verdadera pasión.

Con frío y enchaquetado con el fuego del sol
lo hacía tan perfectamente que nadie lo diría.
Y así, no necesitaba moteles para la excitación,
solo necesitaba la verdadera conexión
de ambos cuerpos, de ambos corazones y ambas almas.
Eso era la perfección para mantener satisfechos
los tres sentidos del placer en la conexión con el amor,
«el cuerpo, el alma y el corazón».
La mente también jugaba un papel importante,
«eso era el ingenio de conocerse entre parejas a sí mismos».

Y así supe el real refrán,
«los perros que ladran mucho, poco muerden».

La virtud eterna

Todo ser nace con la humildad en el corazón,
una virtud eterna que, por culpa de los egos
de cada uno de nosotros,
no se pone en función en vía de cambiar nuestro mundo
con dirección a conquistar la rebeldía y la soberbia
de nuestra propia imbecilidad humana.

«Recuerda, que hay un concierto angelical
esperándonos allí en algún lugar, un paraíso».
Y el que ríe con burla, negando aquel paraíso,
será burlado en su propio ego y soberbia.

Los ángeles de la naturaleza

Creo que estoy un poco derrotado,
tal vez ese moscardón gigante
que apareció un día por la mañana
estaba un tanto maldecido.

Pero hoy, mientras escuchaba una hermosa canción,
apareció una mariposa blanca,
voló y me rodeó en forma circular por varios minutos.
Fue algo especial, algo loco y fuera de lo normal.
Aquella mariposa blanca estuvo allí un buen rato
como queriéndome decir algo.

Pocos viven esas experiencias,
y solo sé, en mi intuición,
que fue todo para bien,
algo de otro cosmos,
al igual que aquellos colibrís
que se posaban en mi espalda
y me visitaban cada mañana
cuando me sentía solo
y con su silbido me cantaban
una canción de paz.

Los frutos del verdadero amor

No había escapatoria.
Siempre pensé en el suicidio,
pero mi madre,
ella lo hizo por mí,
por mi bienestar de esta peste maldita llamada esquizofrenia.
Ella nunca hubiese querido que yo lo hiciera
y allí iba mi respeto frente a todo esto.

Existían más escapatorias, «lo sabía».
Una de las cuántas era buscar el verdadero amor,
enamorarme y crear una familia.
Al principio, aunque en realidad estaba enamorado, no fue fácil.
Venía de un camino de muchas decepciones y desdichas,
pero cuando la cigüeña cantó la canción eterna
de la fecundación que era el fruto de tu esperma
y el nacer de tu propia generación de acuerdo
a lo verdadero de lo que es el amor, comprendí
que sí o sí debes emprender la gran lucha en tu vida,
algo que no sostiene límites.
Más bien, todo te lleva hacia adelante
con la impregnación de un amor
que irá amarrado contigo mismo hasta la eternidad,
«tus hijos, el fruto de la vida».

El poder del destino

Para ti existen nuevos mañanas y noches distintas.
Para mí nunca es así, tengo que lidiar con aquello,
y no hay opciones aunque mi corazón y mi alma
lo anhelen intentando engañarse a sí mismos.
Por los pasillos de la vida se construyen
las eternas fantasías e ilusiones cada día.

«El salud, las copas y cada botella bebida por el corazón,
son la fuente de la propia sobrevivencia de la verdadera amistad».
Nunca nadie podrá gobernar los vientos del destino.
No puedes saber el día exacto de tu muerte,
no puedes saber si perderás tu trabajo hoy o mañana,
no se puede saber cuándo llegará una peste grave a tu vida
y si saldrás con vida o no,
no se puede en mi experiencia saber cuándo ocurrirá
o si te salvarás de aquel accidente carretero.

Pero, sin embargo,
existe el poder de decisión que se nos fue otorgado
para gobernar en parte nuestra vida.
Tú decides sacar una carrera universitaria en tu propio esfuerzo,
tú decides consumirte en el alcohol o la droga,
tú decides formar una familia o no,
tú decides disculparte o recibir disculpas
después de un conflicto sea cual sea.

En fin, existe el poder del destino y el decidir,
pero hoy, preocúpate por el «decidir»,
una facultad que todo ser humano sostiene
para bien o para mal.
Eso es lo que conquistará toda ilusión y proyecto en tu vida,
siempre y cuando, aunque suene cruel,
solo si el poder del destino en su piedad
mantiene latiendo tu corazón.

Pasos gigantes del corazón y del alma

Ve y avanza, si todos ven el 5
tú verás más allá, verás por siempre un 9, un 10, o un 100.
No caigas en la maldición de la normalidad,
eso menoscaba todo rumbo y toda meta en tu existir.

Ve y observa siempre más allá de lo permitido
aunque te tilden de loco,
esos son dones o bendiciones que pocos tendrán.
«Comprende, hijo», lo distinto por siempre
será el paso más enorme
que avanzará de manera fulminante en tu vida
ante todo lo lógico,
y siempre utiliza tu mente en una mira
acercando hacia ti lo más lejano,
allí está el verdadero poder
del corazón y de tu alma.

La sonrisa de tus propósitos

Cuando venga la burla sobre ti con menoscabo,
«sonríe con la humildad que mana de tu corazón».
Esos cien son iguales, y sin embargo, tú eres distinto,
y es por aquello que debes sonreír tenuemente
solo con la mirada fija en la dirección de tus propios propósitos.

Rompiendo y luchando con la tristeza

Hay quienes con palabras apagamos el fuego
y encendemos las miradas del corazón.
Otorgamos algo distinto que en sí
puede cambiar aunque sea los viajes de tu imaginación.
«Esos somos los poetas»,
quienes de algún modo podrán enseñarte
la verdadera conexión con tu corazón y tu alma
cuando se vean hundidos en la tristeza.

El temor de tu caminar

No temas tanto. El diablo está aquí en este mundo
desde que has nacido y siempre has luchado con él
cada día en tu inconsciencia, pero no en tu
«decidir». Las reales pistas de tu vida son trágicas,
pero no pienses que todo es obra del diablo.

Toda circunstancia o situación aquí en vida eres tú mismo.
Siempre el principio y el final de tu propósito de existencia
va a cuesta tuya, y por más que culpes a los duendes,
a los males y al diablo,
tú eres tu pirámide, tu edificio,
tu propia cima de existencia en los recorridos de tu vivir.

Aquello es el libre albedrío en todas tus decisiones
del pasar por este sitio.
El diablo, el paraíso, o lo que venga, viene después.
Eso es algo que será el pago de tu propia conciencia
o comportamiento que has sostenido en el recorrido de tu vivir,
«eso nada más».

Y el enigma que sobrevive después,
«muy después», va de acuerdo
a lo que ha cultivado tu corazón aquí en vida.

La pasión y los besos del alma

«Y tu sonrisa», el pilar de mi alma
que se conmueve con cada beso de tu corazón.
Y entre la pregunta y la respuesta
anunciamos siempre de antemano un
«te amo», un te amo que marcará
la eternidad y los siglos de nuestros pasos
y todo camino de amor en lo oculto de vuestros corazones
y lo que existe más allá,
«un más allá donde se conquistan las almas
y sonríen los paraísos del verdadero amor,
un amor que va y viene
cantando fantasías e ilusiones
en los sueños de una eternidad
que se muerde a besos en nuestra pasión».

Llegando a Roma

Con actitud y perseverancia
se llega a Roma.
Y si sostienes la palabra de Dios
en tu corazón por delante de todo,
nunca serás avergonzado.

Está Jesucristo y sus ángeles
que por siempre serán tu sustento
en toda etapa de tu vivir.

Aunque bebas y fumes
tu buen cigarrillo,
por siempre Dios conoce
el alma y corazón limpio
sobre todo agobio
y todo lo que ha ocurrido
y sucede en tu vivir
y tu corazón,
«tu propia cruz».

Guarda siempre tu corazón
por sobre todo, dice la palabra.
Lo demás, la maldad
que va con vosotros conscientemente
y provoca daño con intención
de tu propio ser,
sostiene una mirada distinta
delante de vuestro creador.

El silencio y el ruido del corazón

Lo que es limpio y sostiene sinceridad,
bondad y honestidad,
es demasiado importante
para el Universo, Dios o un Creador.

La maldad que siempre va intencionalmente
sostiene un pago.
No es karma.
No estoy de parte del karma,
siempre lo he dicho.

Mucha gente inocente y buena
cultiva el bien y sufre toda su vida
aquí, en este sitio,
pero todo el bien y el mal
tendrá un pago
en algún lugar u otro universo o sitio.

La cima de las luchas del vivir

«No te rindas,
el coraje y la valentía
que llevas dentro de tu ser
son parte de la magia
que reside en tu corazón
en la búsqueda de hacer real
lo inalcanzable,

y eso, en compañía
y apego de tu resistencia,
acercan tus sueños cada día
a la cima de la montaña
donde está a la espera
la recompensa de los sacrificios
y toda lucha que ha sostenido tu vivir».

Perros valientes

La cobardía tiende a sostener
un temor a todo lo que sucede
en esta existencia,
mientras la valentía,
en su propio coraje,
se arriesga en todo momento
a lo que venga en el vivir.

Simplemente,
«la valentía nunca conocerá el temor»,
allí se manejan los instintos
que van más allá de todos los miedos.

La sanidad del corazón

El Gaucho fue su misterio.
Lo recordaba con un enorme amor y cariño,
«aquella experiencia siempre marcó su vida
en una mira a que lo desconocido siempre sostenía alguna explicación»,
fue una fantasía real e increíble
que invadió su mente,
algo verídico que solo él vivió,
y mientras su corazón,
y por sobre todo su alma,
en todo el recorrido de su vivir
anhelaba conquistar sus propios sueños.

Los sabios siempre comentaron aquellos misterios,
y todo eso,
Él sabía que era real aunque fuese tratado como un loco.
Lo especial de las aventuras que le ocurrían solo a algunos pocos
en este paraíso llamado vida,
tenían relación con enigmas
que solo Él los vivía.

El Gaucho,
un simple pájaro para algunos,
simbolizó dentro de toda su vida
una protección demasiado inmensa y eterna
para todo lo que fue su trayectoria

e inmensa valentía que sostuvo
en la humildad que fue la esencia de todo su ser aquí en vida,
una vida que, en la esperanza y la fe de todo ser natural
que nos acompaña día a día por siempre,
será un reencuentro con nuestros seres amados.

El Gaucho lo siguió,
lo guió,
lo llevó por años a encontrar sus cabritas
y su ganado que se le escapaba del Molle,
de las majadas de su propia naturaleza
que fue donde nacieron sus conocimientos,
y de acuerdo a ello creció
en una infancia llena de sacrificio
hasta llegar a tener una sabiduría eterna
que marcará y ya marcó, más que una historia,
«una leyenda con y para sus generaciones».

El Gaucho nunca envejeció,
el Gaucho nunca murió,
y ahora ha partido junto con Él
marcando los más hermosos recuerdos con su sangre
donde allí no habita el olvido,
solo habita una memoria eterna
donde los pasillos y cada sendero en su vivir
que sostuvo con valentía y coraje,
serán la enseñanza para toda su generación.

Guillermo y el Gaucho no han muerto,
están en la historia de los Molles,
de las majadas, de Cachiyuyo y Domeyko.
Están en los recuerdos de todo semejante que le tuvieron amor.

Guillermo y el Gaucho nunca morirán, vivirán por siempre en la memoria.
Un abrazo al cielo, tío,
mi amada tía,
mi prima hermana,
y sus amados nietos,
conocen mucho más esta historia.

Somos cuerpo, alma, espíritu, corazón y mente.
«Eso vivirá por siempre de alguna manera
en los recuerdos, en la historia,
en el amor y en los baúles de vuestros sentimientos».

«Me opuse por años al rencor,
pero inevitablemente es un sentimiento
que tiene que inundar tu corazón en algún momento
para que con el paso del tiempo
tu corazón y tu alma puedan ser sanados».

Los ruidos y los golpes de la humildad

Los momentos son parte
de la memoria de tu corazón.
Un baúl lleno de sentimientos
y emociones que marcan
tu pasado, tu presente y tu futuro.

Mi poesía está para sacar
a los sujetos que sobreviven
en sus abismos,
y para encerrar en una cárcel
a los semejantes que sostienen
un ego que camina por las nubes.

Mi poesía es la igualdad
para todo ser,
una poesía que vagabundea
buscando la libertad del deprimido
y pone un vuelco en mira
a aterrizar a la realidad
a todo ego y soberbia.

Los amores de mi confianza

Todo era importante.
Sostener una charla en cuanto
a nuestras ideologías, religión, política,
todo lo cotidiano,
nuestras fantasías e ilusiones
que habitaban fuertemente,
marcando y anhelando
todo lo que fue y podía ser venidero.

Pero por siempre me interesaron
las charlas con cada semejante
que iban con dirección
y a contar las intimidades
de los golpes de la vida.
Aquellas charlas son más intensas,
«el café, el trago, la bebida
y el cigarrillo se envuelven en palabras,
en sentimientos y emociones
que son las confesiones
de corazones y almas
que relatan toda una vida
en un minuto eterno,
una vida que en aquella charla
se guardan los secretos
que no tienen tumba,
sino una caja fuerte
que va con dirección hacia la eternidad».

A eso le llamo la verdadera amistad
que conmueve nuestros seres
en vía a la verdadera confianza
que permanecerá hasta la eternidad.

«No son y no tengo muchos
en aquella confianza y afiato,
pero los pocos que son, ellos lo saben,
y nuestros relatos o vivencias
con un café, un buen trago
y su buen cigarrillo
durarían mil horas».

Pasos lentos, serenos y en busca de otra vida

No éramos locos, solo lo creíamos.
«Éramos arrogantes, éramos tercos,
éramos necios y pensábamos
que aquello era ser locos,
pero cuando empezamos a ver partir
a nuestros seres que más hemos amado
en nuestras vidas comprendimos
que la verdadera locura
sobrevive en el amor,
en los sentimientos
y en los verdaderos pasos de la vida
que son el amar antes de morir,
en el querer y contemplar
lo que nace y partirá,
en conocer lo desconocido
que son vuestros pasos,
nuestros ruidos,
nuestros latidos,
y todo lo que tiene vida
aquí en este mundo,
y mucho más,
todo misterio que está sujeto
a un canto de libertad
que sobrevive en la eternidad».

Lágrimas y sonrisas de sacrificio

«El pronto, aunque menosprecie
la tardanza de todo momento o instante
que marcó nuestro vivir por siempre,
será la razón que cabalga la ilusión de lo más preciado,
la intimidad del tú y tú,
algo que en algún sitio, aquí o allá,
será el cobro de la promesa de tu propio anhelo,
de tu propia fantasía de hacer realidad
lo que en algún momento fue inalcanzable».

Y por aquello, y por todo lo que ha vivido
y luchado tu corazón en esta vida,
sostendrás un pago infinito
que vale y tiene un precio
que sostiene varios nombres
de acuerdo al existir delante de todos tus sacrificios.
Aquello son: la resistencia, el coraje,
la valentía y todo aguante
que por siempre permanece
y permanecerá en la ruta
que al día de hoy te sostiene con vida.

Golpeando los caminos del destino

¿Quién observa, camina,
va y vuelve en toda ruta
siguiendo en la inocencia los silbidos
y el recorrido de todo viento de la vida?
En cierta parte sostiene
una capacidad enorme
para gobernar y golpear
aunque sea alguna vez en su vida
el fuego del destino.

Rastros eternos de la inocencia

La inocencia sostiene un poder infinito.
De allí mana la sabiduría
que habita en la semejanza
de toda raza, de toda cultura,
de toda promesa de las emociones
y los sentimientos que van
con dirección a lugares
y sitios desconocidos.

Únicos y grandes pasares de la vida

La magia solo ocurre una vez,
y cuando aquel tren cargado de ilusiones
traiga en su viaje aquel truco,
debes sacarle un provecho eterno,
al igual que un pensamiento
nunca será decretado y plasmado
con el mismo sentimiento de tu corazón dos veces.

Por siempre en esta vida,
en todo lo que es sentimiento, magia y emociones,
existe una similitud maravillosa,
pero nunca una igualdad,
ya que una sola vez tu existencia
recorre todo momento o instante
marcado por tu propio destino.

El terror de los verdaderos locos

Solo caminaba por la vida,
por montes y arbustos tenebrosos,
por la noche me dedicaba a admirar la luna
y contemplar los misterios que habitaban en cada estrella.
Solo, en mi propia soledad,
lamentaba y lloraba intensamente
cuando las noches estrelladas
tenían que partir a mostrarme el amanecer,
aquel que me fatigaba,
lo odiaba,
no le tenía cierto cariño como a la noche,
a aquella oscuridad que por siempre
ha sido la luz que alimenta en corazón y alma
el sentir de mi soledad.

Me apasionaba el silencio,
aquellos trucos de la magia
que sobrevive en los burdeles del pensamiento,
donde ni tú ni yo somos perfectos,
donde los llantos y lágrimas caen
mendigando poner en paz el alma,
y con mi copa llena de sangre y de lamentos
anhelo repetidamente conseguir la verdadera libertad
a todos los abismos que agobian mi existencia.

Solo quiero, noche y día,
ser el mejor amigo de todas mis paranoias,
de toda mi pestilencia
que no ha de dejarme tranquilamente ni en paz en ningún momento.
Quiero ser el mejor y único amigo de toda la psicosis,
para que nunca en mi existir
me traicionen los enigmas
que sobreviven en toda esta maldita pestilencia.

La ley del morir

En su propia ley muere el hombre,
en los intentos,
en la suerte incógnita
de querer dominar su propio destino.

Pitbull y pequinés, golpes distintos

Mi hogar, mi familia y yo estamos protegidos
por la eterna unción de nuestro amado Dios.
La fe, la esperanza y el poder de Dios
gobernarán por siempre nuestra salida y vuelta a casa de mi gente.
En Jehová, en Cristo Jesús y su Espíritu Santo hay poder.
Allí está la protección eterna
hasta nuestra muerte terrenal
y aquel encuentro que algún día sostendrá
y recibirá la paz en el verdadero amor
para todo corazón y vuestros corazones.

Si te animas en la humildad
a creer en el infinito amor de un Dios eterno,
por siempre gozarás de una protección sobrenatural,
algo que te acompañará por siempre.
Solo ten fe en el amor de un Dios que ama infinitamente,
y gracias a Él gozas la sonrisa
y los latidos de todo lo que más amas en este sitio.
La esperanza en lo que hay más allá no se ve,
pero se siente,
y en aquello está la promesa eterna de su palabra.

Lo mejor para comenzar el día.
La melancolía, la nostalgia y los recuerdos
que envuelven cada día la inconsciencia.

Bastaba con sentirme un poco quieto,
pasivo y un tanto adormecido
para volver a mí mismo
en lo que son los poderes de las palabras del corazón,
y caer en un enorme espanto
por solo el sentir en que se escapaba un morder
que solo abarcaba una rudeza ficticia,
una especie de instinto violento,
una mandíbula tan fuerte
como la de un pitbull
que guardaba y ocultaba su última lágrima
hasta que le dieran la muerte
con una pistola o un cuchillo
separando su garganta del corazón.

Así era yo, tan duro y fuerte,
pero hoy soy tan solo un pequinés.
Y aunque fui un pitbull,
me di cuenta que aquel perro,
rudo para la sociedad, un poco criminal,
solo muerde sin soltar,
ya que espera en su instinto la muerte
sin la esperanza de la salvación.

Mas los pequinés, se ven tan tiernos y pequeños,
pero con un corazón y una mente
que su mordida llega a matar
lo que va más allá de todo dolor
que se basa en lo violento de los dientes fuertes de los pitbull.
Los pequinés son pequeños y mal mirados en su fortaleza,
y con su presencia no asustan criminales,
pero sí, su mordida representa
las palabras del corazón
que pueden en segundos matar y liquidar un alma.

«El existir de los valientes»

Es de valientes sonreír un poco en la adversidad,
es de valientes llorar un poco en la tristeza,
es de valientes tirar los dados e ir conquistando tu propia suerte,
es de valientes intentar morder los pasos de tu destino,
es de valientes matar los miedos con alegría,
es de valientes cantar las derrotas con dignidad,
es de valientes levantarte en cada tropiezo de la vida,
es de valientes tu despertar por la mañana,
es de valientes conquistar todo sueño con sacrificio,
es de valientes luchar con toda enfermedad,
es de valientes esperar pacientemente y sin temor la muerte,
es de valientes recoger tu corazón y levantarte en las penas del amor,
es de valientes no temerle al paso de los años,
es de valientes soportar la ida de vuestros seres queridos,
es de valientes aceptar nuestra propia partida.

Es de valientes luchar contra viento y marea.
Y, en fin, la vida por siempre será de todo valiente
que vive todo minuto de su vida con coraje,
sea cuales sean los momentos e instantes
que sucedan en el recorrer de su destino.

La tristeza de los pétalos en su alma

Recogían y acariciaban los pétalos de la flor
cuando estaban en el suelo y muertos,
pero nunca pensaban que aquellos pétalos
había que acariciarlos y entregarles cariño y amor en vida.

Y yo, lloraba y sentía una pena
y una tristeza enorme en esas situaciones de la vida,
me quebrantaba mientras veía
que casi todas las promesas en nuestro existir
eran guiadas por las emociones engañosas del momento
y no por el verdadero amor que permanece en el corazón.

El sentir de las palabras

La palabra, el sentir del corazón,
tiene mucho más poder que los golpes.
Los pisotones con fuerza dañan el cuerpo,
pero las palabras y todo lo que sostiene mente, corazón y alma,
pueden aniquilar y pisotear en cualquier instancia o momento
todo lo que venga a su camino.

«Por siempre, hijo, cuida la reacción
de lo que sobrevive dentro de tu corazón y tu alma.
Aquello algún día te podría dejar solo y un poco adolorido,
pero tus contrincantes podrían quedar marcados por una vida entera.
Y aunque suene un poco soberbio y sobrenatural,
las palabras del sentir pueden provocar no la muerte del cuerpo,
sino la muerte del corazón y del alma.
Y tú, en tu serenidad y paciencia, has heredado todo aquello,
solo tienes que saber utilizarlo en la vida
con el amor y el querer que manan de tus sentimientos
al igual que tu Padre,
todo por siempre para bien,
y así cada día permanecer vivo por siempre
en la prudencia de tu corazón».

«Temprano, solo temprano»

Espero en el corazón
que por siempre sea temprano para vivir,
gozar de calor y amor,
del buen cigarrillo
que abraza el pensamiento
y la copa de alcohol
que desahoga el corazón.

Quiero que sea temprano
para amar y perdonar,
conquistar los sueños,
hacer realidad las ilusiones
en el poder de la fantasía,
donde no hay muerte,
solo existe el poder
de la vida y tu nacer.

Temprano quiero vivir y no morir,
temprano amar, querer
y disfrutar de los abrazos,
de los te quiero y los te amo.
Solo quiero un temprano
y nunca jamás un demasiado tarde,
que por la tardanza
la muerte nos alcanza.

Y ahora en el fuego de la vida,
tú y yo en campanas y trompetas,
debemos cantar la canción
de la vida, del amor, del querer,
del poder, y más allá donde
tú y yo no conocemos,
esperar con paciencia
los paraísos venideros
que sobreviven detrás de la muerte.

«El espejo y el túnel de los locos»

Para los locos, la dulzura tiene un sabor a sal.
Los puentes no los cruzamos con los pies,
sino con la imaginación.
Para los locos, el negro es blanco.
Para los locos, el veneno se convierte en amor.
Para los locos, los minutos son eternos
en el tren de la vida.
Para los locos, el «decir y sentir un te amo»
sostiene algo tan extraño que conmueve el corazón.
Para los locos, la alucinación y la paranoia
son parte de la vida y del pensamiento.
Para los locos, hay más importancia
en los sueños del amor que en la riqueza.
Para los locos, un beso y un abrazo
son la calma y la paz en su existir.
Para los locos, no hay prioridad
en lo normal que vive este mundo
perverso y lleno de veneno.
Para los locos, el amor y el sentir
del corazón y del alma son la
magia del pensamiento.
Los locos caminan en lo distinto,
donde detrás de aquel espejo
existe el túnel de su propia
locura y el reflejo donde
en este mundo no existe ninguna
explicación a lo desconocido
que habita en el alma, en el corazón
y la mente de los locos.

«El aliento de tu poder y todo tu sacrificio»

Tus minutos sostienen una eternidad
que con ansias los minuteros del reloj
desean llevarte camino a la muerte.
Pero aquel reloj no sabe, no piensa y no siente
lo que permanece en lo profundo de tu alma y tu sentir.

El sentir tiene una magia, el vivir una proeza,
y mientras cada latido de tu corazón
permanezca en la valentía de dominar
los miedos de tu vivir,
nunca nadie impedirá que seas grande
aquí en este sitio o mundo
que desea envolverte a su propio parecer.

Y sin embargo, en ese «parecer»,
tú tienes la facultad de hacerlo polvo y chatarra
con el poder de tu propio decidir
en todo lo que se venga para con tu vivir.
Tu poder sobrevive en los esfuerzos
de todo tu caminar realizado aquí en esta tierra,
y allí se cumple toda proeza,
que son tus sueños, ilusiones y fantasías.

Si permites que algo ajeno a tu poder y tu fuerza
te detenga, cántale la canción de tu vida.
Y recuerda que tu canción se llama sacrificio y perseverancia,
y ante todo aquello nunca podrás ser derrotado.

La libertad del vivir y el pensamiento

Apresuraron su propia muerte
con un pinchazo de la ciencia.
Se aceleraron sus pestilencias
en su propia ignorancia.
Y por más que siga yo aquí, loco y borracho,
consumiendo mis cigarrillos,
he conservado mi propia «libertad».
Algo tan preciado
que intenta vencer cada día
los pasos de la muerte.

«Recordando los 4 años de la tragedia»

Nos sentíamos contentos, agradables con nosotros mismos.
Esperábamos en relación y con satisfacción, de acuerdo a nuestro sacrificio,
despedir y empezar un nuevo año en prosperidad.
Pensábamos que nada iba a detener
la realización de nuestras ilusiones y fantasías venideras.

Pero, un 16 de diciembre, tipo 15:30 pm, del año 2018,
ocurrió el impacto carretero.
Pensábamos cerrar faena para ir a descansar
e ir a disfrutar un largo periodo con nuestras amadas familias.
Fue un golpe tan fuerte
que pudo haber matado nuestros sueños,
que al día de hoy, por gracia de Dios
y una protección sobrenatural que nos mantiene con vida, fuimos protegidos.

En aquella tragedia falleció,
murió aquel conductor que sostenía en su ser
millones de ilusiones para su año venidero.
Pero Dios, lo sobrenatural, o algo llamado destino
acabó con su vida.
Hoy y siempre quedará guardado aquel recuerdo
donde hubo no un encuentro, solo un acercamiento
con la muerte de parte de vosotros, los pasajeros.

Creo que los 14, 15 o 16 pasajeros
que hemos vivido esta historia
estamos hoy, 16 de diciembre,
poniendo en reflexión lo que ocurrió
y pudo ocurrir con nuestras vidas.
Pero yo, al día de hoy, en mi conciencia,
siento en mi corazón un dolor enorme
por la muerte de un valiente
que hoy no está para poder defenderse.

Saludos, René.
Dios te bendiga y proteja, sea donde estés.
Nosotros, los pasajeros, estamos bien.

El motivo de tu victoria solo vive en tu propio ser

No envidies a los demás,
envídiate a ti mismo y serás grande.
El poder y la conquista de tus sueños,
tus ilusiones y toda fantasía
sobreviven en ti.

No envidies lo ajeno,
en aquello habita la inseguridad
de tu propio ser.
Envídiate a ti mismo por siempre
y verás que tu propio ser
conquistará toda meta
que algún día fue inalcanzable.

El poder de tu existir
sobrevive en ti mismo
y no en los demás.

Los golpes del verdadero amor

Prefiero mujeres que han tenido pocos amores
y pocos golpes en el corazón.
De por sí, allí sobrevive lo difícil y no lo fácil,
como aquellas mujeres que se entregaban una y otra vez
con cualquiera.

Ellas están anhelando el golpe perfecto
que tú les podrías brindar,
y en aquello causará efecto
la verdadera pasión y las maravillas
de un infinito amor y el buen sexo,
hasta llegar a enamorarse eternamente
en la conexión de su gran golpe real que puedes ser tú.

Las mujeres muy golpeadas tienden a ser
y creerse perfectas en el amor y el sexo,
pero no son tan buenas,
solo creen que por haber tenido muchos amores
son codiciadas por una belleza ficticia y tan solo corporal.
Sin embargo, las mujeres que sostienen un golpe
que fue con un intenso sentimiento que rompió su corazón
llaman más la atención.
Puedes salvar su sentir e intentar enamorarlas,
y en cierto modo hacer que vuelvan a conocer
el verdadero amor.

Y yo, con mi corazón sincero,
logré conquistar al verdadero amor de mi vida, Karen Macarena,
que con el real golpe de un mutuo amor
hemos, al día de hoy, construido una magia eterna
donde sobrevive la verdadera pasión,
el cariño, el querer y el amar
por sobre toda adversidad.

El tiempo de los grandes

Serás grande en la vida, sobrino.
Un eterno poder nos protege como familia,
y tú eres el primo y gran vecino
de mis hermosos retoños.
Una amistad consagrada
de la nueva generación
de vuestra hermosa familia.

Aquí, en esta fotito,
queda un gran recuerdo
en la historia de tu tío vecino y borracho,
que por siempre los protegerá a todos
hasta su último latido de su corazón.

El viaje eterno

El guiño de los ojos y el verdadero mirar de una mujer
no marcan tu presente,
en realidad, marcan la compañía
de todo el caminar de «la vida y tu destino»,
y eso se llama «amor».

Conquistando las ilusiones del corazón

«Disfruta, ama y quiere infinitamente».
No discutas por tonterías
y recuerda que la vida es una
«tontería» donde la fragancia
y el aroma de cada momento
son tus «sueños», la ilusión
que intenta escaparse
para probar la fortaleza de tu corazón.

Los cuentos de hadas no son una fábula,
son más bien una realidad oculta
que solo tú puedes descubrir y hacerla real.
Vive tu hoy en la convicción
de que solo tú sostienes el poder
para realizar y concretar lo inalcanzable,
siempre recordando al peor enemigo
que es el reloj, aquel que avanza
como un vikingo,
como un verdugo y pirata
con su espada queriendo matar tus sueños.

Pero en ti existe el coraje y el valor
para luchar contra la adversidad
y llegar a la cima de tu propia felicidad,
donde la amargura y la cruz
de tus desdichas que has sufrido en la vida
no tienen poder
delante de la fuerza de tu alma y tu corazón.

El arte de la intuición y la sabiduría en la suerte delvivir y morir

Si no soy profeta, en mí gobierna
la verdadera intuición del ser humano.
El empate en los 90 de vuestros parientes argentinos,
el 5 a 0 proclamado de Copiapó ante Cobreloa,
y me trataron de loco.
Y el empate entre Países Bajos y Argentina.
Ahora, después de los 90,
que todo lo decida la historia.
El poder del destino y lo que nunca sostiene
la decisión sobre lo desconocido,
«la historia que marca los pasos de la humanidad».

«El libre albedrío y la decisión»

Ni tan temprano ni tan tarde cambiarás,
pero dentro de todo recorrido
de tu caminar por este sitio,
solo sé que tú piensas
que nunca será tan tarde
para en cierto modo volver a empezar
y sacarle provecho a lo que es realmente
la visión de tus propósitos.

Hemos sido tan tontos,
tan idiotas e imbéciles
en nuestros pasos de la vida.
«Y si no es así, le pido a usted que lance la primera piedra».

Los errores en el ser humano son tan continuos,
pero la real solución de vuestros pasos
sobrevive en nosotros mismos,
y aquello se llama «libre albedrío»
o para quien no es creyente en la palabra de nuestro Dios,
«su propio decidir».
De eso trata la realización
de todo sueño e ilusión,
simplemente del poder que sobrevive en «ti».

El dominio de tu propio existir

«No obtendremos la verdadera paz
ni siquiera un segundo
si vosotros mismos no lo queremos
en la eterna inmensidad de vuestra alma».

La verdadera paz se obtiene
dejando atrás todo lo que nos hizo
un daño infinito algún día
hacia nuestro corazón y vuestro ser.
Y a pesar de que todo momento
e instante vivido nunca se olvida,
si tu alma y tu corazón
logran sostener y hacer de todo momento
e instante vivido una especie de sabiduría para tu vida,
«aquello es y será el triunfo de haber logrado,
soportado y convertido todo lo vivido
en una magia eterna y en una satisfacción invaluable
de toda lucha y golpe
que vivirá infinitamente como una victoria
en la verdadera conquista de tu propia suerte
con la convicción de haber gobernado tu propio destino».

El canto y el sonar de tu destino

Todos los grandes sostienen una humildad eterna
en relación a todo propósito y victoria anhelada en su vivir.
Nadie y nunca nadie podrá con la historia
que rebalsa los pasos de la humanidad.
Y aunque todo este triunfo y victoria
cause envidia entre vosotros y cualquier semejante,
aquí no hubo partido ni regalado ni robado.
Se cumplió la historia de un ser
como tal vez nosotros mismos
en vuestros propios ámbitos de vida
queremos marcar historia y formar una leyenda para los nuestros.

Aquí la envidia está demás,
y aunque el pueblo argentino sea farsante
y lleno de un ego incomparable,
que en sí les corresponde en el ámbito del fútbol,
hoy han ganado limpiamente
cumpliendo la historia que viene
desde el más grande de todos los tiempos, Maradona.
Un hombre que en su vivir luchó con toda energía y potencia
delante de todos sus vicios que lo mataron.
Pero hoy, aunque yo sea chileno,
saco a la luz el fútbol argentino.
Un fútbol que para ser grande
no busca hijos de papitos para ejercer la grandeza de este deporte.
Aquí está el ingenio y la búsqueda de talentos
que vienen realmente del pueblo.

Eso se debiera hacer en Chile.
Buscar la magia y el talento del verdadero pueblo,
que sufre y nace queriendo marcar historia
y no se les da la oportunidad.
Los verdaderos maestros y reyes del fútbol nacen del pueblo.

Ahora, mi Chilito, si queremos ser grandes,
busquemos la magia del talento del fútbol
en las verdaderas canchas ubicadas en las poblaciones,
en los lugares donde existe de verdad el aguante
y el sufrimiento por marcar una historia.
Tenía como noción el tiempo,
como sugerencias los recuerdos,
como tristeza y alegría los golpes del corazón y la vida.
En fin, tenía una carrera de vida interminable
que abrazaba sus propios abrazos,
su propio querer, su propio amor,
y también abrazaba sus vicios,
el cigarrillo en la nostalgia,
el buen trago en la melancolía
junto con el buen sexo y el gran amor como todos.
Ese era y soy yo,
un varón con inicio y término de vida
escuchando los sonidos y el canto de la muerte
que te espera y te alcanzará en algún momento.

Un hombre con historias,
con la paciencia que lucha cada día enfrentando al reloj,
aquello que no perdona,
pero antes que todo acabe
nos brinda la esperanza de morir
con la ilusión de un paraíso
detrás de nuestra propia muerte.

El fuego y el terror de algunas almas

Si me odian, si me desprecian,
tiendo a volverme más fuerte cada día.
Y aunque todos los golpes que me han ocurrido en vida
mataron lentamente mi corazón,
sigo aquí con vida,
muriendo por momentos
e intentando volver a nacer por las mañanas.

Le juro y le prometo día a día
al fuego y a aquella brasa que intenta quemarme
cuando se escapa el atardecer,
que no me rendiré,
solo seguiré sobreviviendo
por lo que más amo aquí,
«mi propia sangre».

El misterio del mirar en los ojos de los locos

Y cuando yo muera, no recuerdes mi bigote
ni aquel polerón barato que solía salir
en las fotos de mis poemas,
no recuerdes los bototos que tal vez
sostuvieron un eterno sacrificio.

Solo te pido que recuerdes mi mirada,
aquella tristeza que habitaba en la maravilla,
en la luz y el esplendor del guiño de mis ojos.
Solo quiero que en algún momento
el mirar y el reflejo de mis ojos marque una historia,
una leyenda donde tú anhelarás por el resto de tu vida
saber quién fui yo.

Y aunque nunca sabrás lo que ocurrió
y sucedió detrás de mi corazón y mi alma,
por siempre aquello llamará la atención
en todo pálpito de tu vivir.

La templanza en el amor de tus recuerdos

Tu horóscopo es la propia luz naciente de tu propia oscuridad.
La templanza sostiene un valor eterno detrás de tu espejo,
que recoge todo recuerdo de amor y cariño
en los momentos de soledad
que hacen reaparecer día a día el gran amor en tu despertar.

El poder de la sangre y la imaginación

Si mi «Creador, mi Dios» me diera la oportunidad
de una visita a mis semejantes después de mi muerte,
visitaría a los verdaderos mares de lágrimas que me lloraron
en un corazón sincero y noble en una forma de un ángel,
protegiendo y dándoles fortaleza en lo que quede de vida.

Y a las lágrimas hipócritas les daría el susto de sus vidas,
agarrando una copa de vino y derramándola en sus sábanas,
para que cuando despierten por la mañana
imaginen y lloren creyendo que fueron desangrados
por este humilde servidor de este existir,
que por siempre les brindó el bien para sus vidas,
no sabiendo que en ellos habitaba la maldita perversión en sus sentimientos.

Así yo, desde lo alto, sonreiré un poco,
esperándolos con un enorme abrazo
cuando nos encontremos en el cielo o el infierno.

Y aunque todo esto no sucediese,
habrá de haber quedado en paz mi alma,
ya que mi corazón, por siempre buscó el bien
fuera y delante de toda mutua adversidad entre corazones y almas.

Y con todo esto, solo sabré, que después de la muerte,
en la esperanza y la fe de toda cultura que quiere sostener la razón,
vendrá un eterno abrazo de amor.

La fuerza de tu ser

Los golpes de la vida
te enseñan cada día a mantenerte en pie.
La juventud permanece en el alma,
mientras el tiempo intenta acabar con tu cuerpo
al compás del reloj,
pero para recordar no es necesario aprender,
todo aquello sobrevive en una memoria
donde no habita el olvido.

«En la espera del querer y no querer,
del poder y no poder, sobreviven las ansias,
y sin embargo, en tus sueños e ilusiones,
solo necesitas la pasión y la convicción
de un caminar con fuerza y coraje
delante de toda muralla
que intente derribar tus propósitos».

La parábola de nuestra cruz

Solo un pingüino en el desierto,
y un camello nadando en la mar
pueden decir lo duro que ha sido la vida,
«eso tal vez no sucede»
y ni tú ni yo somos aquellos,
y aunque hemos sostenido
un eterno dolor y sufrimiento en nuestro pasar.

Solo te pido que hoy te levantes
ante toda adversidad pensando
que toda cruz que llevamos sobre nuestros hombros
será por siempre distinta,
y de acuerdo a todo aquello,
solo tienes que ser fuerte y caminar.

«En el más allá está toda respuesta,
y aquí solo tienes que levantarte».

Gigantes pasos de amor

Dios nos bendiga a todos en nuestra fe y esperanza
que sostenemos día a día en nuestro vivir
en el amor de nuestro Señor Jesucristo.

«Era Navidad», todos respetaban sus creencias.
Solía ser todo bueno y yo esperaba
que se mantuviera aquel espíritu,
aquellos momentos donde se perdonaban unos a otros
por sus errores y sus faltas
con un eterno y gran abrazo de cariño y amor,
«pensaba y alucinaba en ese instante tan especial
que sostenía situaciones y emociones únicas
que unían aunque sea en cierto momento
los conflictos que nos desmerecían a nosotros en nuestra conciencia».

Me encantaba ver y visualizar
que en esta fecha se apagaba
aunque sea por un periodo de tiempo
el rencor, el odio, el maldito mal sentir
que ocurre siempre entre vosotros como personas.

Notaba que aquella paz
por lo menos en los perdones mutuos
y la unión de nuestras almas en un verdadero amor
podrían durar un largo tiempo,
y tal vez no reventaríamos explosivamente
antes de terminar un viejo año y comenzar otro venidero.

Me hace feliz todo esto.
Desearía que este abrazo de amor
se mantuviera de por vida
y nunca más nos hundiéramos en los botes
que reman en la angustia.
Pienso siempre y deseo que estas luces
se mantengan encendidas eternamente.
Solo quiero ver cada día
un abrazo de amor entre todos nosotros como humanidad.

La ebriedad de los locos

Si me aguantase el llanto no escucharías mi canto,
pero tú, amada madre, descansas en la verdadera paz
y libertad que existe en un eterno y hermoso paraíso.

Tus nietos y mi gran mujer, que anhelaste conocer en algún momento,
están bien junto a mí, en el amor y los valores eternos
que me entregaste, mi vieja linda.

Nos veremos pronto todos, poquito a poquito,
mientras vaya avanzando el reloj de la naturaleza
de la vida que la gobierna el tiempo,
aquel que no perdona aquí,
pero nos promete en la fe y la esperanza de nuestro amado Dios
un reencuentro y un gran abrazo
lleno de un amor incomparable
en un encuentro en otra órbita,
en un cielo, en un más allá lleno de la paz infinita
que deseamos todos los naturales en su semejanza.

Un abrazo al cielo, mi viejita.
Tú ya has conocido en persona a nuestro Señor Jesucristo.

«Mi alma está ebria hoy, y entre el camino que une
los sentimientos y las emociones de mi corazón
quiero seguir cantando mi propia canción,
aquella melodía tan distinta
que ni yo mismo puedo entender».

Sonreír y llorar, «eso es la vida»

Aunque la tristeza gobierne tu corazón por siempre,
cada momento de felicidad sostiene mucho más poder.
Acompaña a la vida y sigue su rumbo en conjunto con tu palpitar.

La vida no te juzga en ningún instante,
solo es tu compañera y tienes que disfrutar
todo momento e instante de amor, de tristeza o felicidad a concho
de acuerdo a tus sentimientos y emociones.

La adrenalina del vivir solo se basa en reír y llorar
de acuerdo a cada momento vivido.

Los burdeles ocultos de la vida

Hubiera dado mi vida entera por saber
lo que ocurre detrás de tu corazón,
y sin embargo, así te sigo amando.

Los burdeles del alma por siempre serán ocultados
en la retina que habita en vuestras mentes.

La sabiduría de un mendigo

La baraja de aquel naipe traicionero
en los pasos de tu seguir,
los dados tirados para tu propia historia,
la suerte que no sostiene deuda en contra de la ruleta de tu vivir,
sino más que nada, el agradecer de los latidos
del juego de tu corazón en el caminar fuerte y valiente
luchando contra tu propio destino
como un mendigo queriendo conquistar sus sueños.

«Eso es la vida, permanecer como un roble
ante todo lo bueno y lo malo
que nos toque en algún momento vivir».

Clamando la respuesta del vivir

Unas de las mejores canciones de la historia
donde renace toda melancolía,
toda nostalgia y amor,
enfrentando todo momento vivido
y recuerdo guardado en los baúles de nuestros corazones,
que permanecen en los ruidos y pasos
de nuestras emociones y nuestros sentimientos.

He tallado mi seguir que viene y vuelve
con mi pluma que plasma toda palabra
que nace del corazón.

Y aquí no se decide ni la historia
ni la leyenda de este mendigo,
vagabundo y poeta
que canta el amor de la vida y los pasos de la muerte.
Solo se decide un paso a un más allá
clamando una explicación a toda tormenta
y tempestad que hemos vivido aquí en tierra.

Los sueños de un loco

Dormiré un poco. Soñaré tanto esta noche con lo impermitido,
y mañana estos sueños volverán a ser fantasías,
pero el mañana en forma de un hoy
siempre será lo que me mantiene en pie,
un hoy con sabor a un mañana
en la compañía de los que más amo
en mi hermoso y gran existir.

El ruido cantando tu propia muerte

Me noto un tanto más flaco hoy,
sin la misma fuerza que sostenía hace un par de semanas.
Solo sé que tal vez en un corto tiempo
te enviaré un gran abrazo desde el cielo o el infierno,
desde allí, «sea donde esté».

Solo sé que aquel abrazo, aunque sea desde lo lejano,
sostendrá un poco de amor independiente
de lo que hayamos pasado tú y yo en nuestro vivir.

Los golpes del tiempo

Pasan los años, el tiempo sigue su curso,
y «el mundo, nuestro universo y nuestra vida ya no es la misma».

Toda mañana y el seguir de nuestros rumbos está lleno de ausencias,
y «no hay vuelta atrás, no hay remedio para los golpes de la naturaleza».

Años valientes

Los años, todo paso y recorrido del tiempo en esta existencia
se basa en la filosofía de la valentía y el coraje de los golpes del vivir,
los grandes momentos de felicidad, alegría,
y el recuerdo sujeto a todo amor que sobrevive en vuestro corazón.

El primer gran abrazo de despedida,
el adiós y la bienvenida de un nuevo año
va dirigido primeramente al dueño de nuestro palpitar y nuestro destino, Dios.
El segundo abrazo es para todos nuestros seres queridos
que han partido y ahora habitan en un mejor lugar
a la espera de un gran reencuentro con vosotros,
y el tercer abrazo es entre vosotros aquí,
que al día de hoy, gracias a nuestro Dios,
estamos disfrutando el cariño de piel, alma y corazón.

Rompiendo los caminos

Hasta que nuestro Dios diga. Los amo, mis pequeñitos,
por siempre a seguir en este nuevo año
en los senderos del bien, ahora y hasta la eternidad
en el amor que nos brinda cada día nuestro Señor Jesucristo.

Ahora y para siempre, un año más de canitas,
de momentos de nostalgia, felicidad, melancolía,
sonreír y llorar, pero siempre juntos
en los caminos de la vida en un eterno e infinito amor.

Sentía las ausencias, quería abrazarlas
en el término e inicio de un nuevo año,
pero aquellas personas que fueron carnales como nosotros algún día
ya no estaban para un abrazo de piel,
y sin embargo, estaban en los recuerdos,
en las vivencias, en todo lo que era corazón y alma.

Me sometí a indagar en lo que era la muerte y la vida,
y por más que sintamos y nos sintamos vivos,
la muerte nos alcanza de principio a fin
en la compañía de vuestros dolores.
Y si te sujetas a la vida como un perro
a un hueso de una rica carne
que botaron en aquella convivencia de fines de un año,
igual estarás muerto aunque intentes negar el paso del tiempo.

Pero siempre estaba el lado y la perspectiva buena ante todo esto.
Podíamos ser felices aunque sea un instante,

y eso era noquear a la vida, darle un golpe tan fuerte
que la vida podría sentir miedo contra nosotros mismos
y así volvernos inmortales por un momento.

Ese golpe siempre era no volver a repetir los errores en tu vivir,
eso es ganarle a la vida, dar por siempre el gran golpe con amor,
donde allí no existe la equivocación, pero sí el «error»,
y eso nos hace vulnerables, pero fuertes a la vez
en los caminos del vivir.

Baúles del alma

Una buena cerveza, un buen cigarrillo
y los pensamientos que nacen del corazón,
serán por siempre el recuerdo que habitará
y se guardará en los baúles
que despertarán algún día
en los momentos y los sentimientos de tu alma.

Rumbos y vida de los locos

Mi vida es un poco salvaje,
renuncio y retorno a mis pensamientos
cada día en aquel viaje de mi paranoia
que no deja encontrar la paz y la serenidad a mi sentir.

Pero las maletas rebalsadas de sentimientos e historias
emprendieron un rumbo junto a mí abiertas,
y he dejado una pilcha en los distintos sitios
donde se ha posado mi locura
por si en algún instante tengo que volver.

La voluntad de vuestro ser

Diversos son los momentos y muy pocos los instantes,
allí se divide la vida, en el estar y no estar.
Y cuando el pronto sea tarde
te darás cuenta que el hoy es tu verdadero placer,
y cuando muerdas tu sentir no serás sepultado
sino resucitado en lo que ha sido tu existencia
entre las historias de tu existir, cuentos y fábulas
que no han mordido tu ser en vano,
sino aquellas mordidas han despertado tu alma y tu corazón
en la entrega de sabiduría para tu sangre y tus generaciones.

La foto y el calco de tu vida
va y viene como un tren marcando su destino,
lo recibes en el perfecto andén
y va dirigido en un viaje donde será
la verdadera realidad de tus propósitos contra viento y marea.

«Eso es la vida», un viaje donde no existe la derrota ni la victoria,
solo existe tu propia satisfacción,
y eso es la forma y la manera incomparable
de tomar y acariciar tu verdadera medalla
que ha de ser el verdadero éxito en los pasos de tu existir.

Aquí no hay y no existe nada más,
solo sobrevive la marca que has dejado en tu camino,
«tu propia voluntad de vida».

El amor y sus siglos

El amor es iluso y rompe,
engrandece y marca tu corazón de por vida,
y a pesar de cada momento y golpe de tu existir,
marca tu vida.

Los amores son vagabundos y encuentran su encuentro
y su sitio donde otorgan la conexión de amar por siempre.
Y ese siempre serás tú, Karen Macarena.
Te amo delante de todo, y allí o aquí permaneces
como un alma blanca marcando mi sentir
como un tren en un viaje eterno lleno de aventuras
que al día de hoy son nuestro amor y nuestra conquista
que ha tallado nuestro propio libro de vida
en dirección a la eternidad en nuestras historias,
besos, caricias y abrazos en un amor incomparable
que marcará la ilusión y la fantasía hecha real
con vuestros besos de un amor eterno.

Has sido mi golpe eterno en mi corazón,
y aunque he recibido miles de golpes,
tú por siempre serás el golpe del verdadero amor.

Respuestas eternas

Porfiado siempre fui, y aunque no tenía la razón,
sostenía la respuesta perfecta.
Ese era mi gran error,
no tener la razón pero siempre la respuesta exacta.
«Y eso me hacía distinto a los demás,
mi respuesta gobernaba la razón».

El temor y su victoria

Si no te temes a ti mismo, siempre serás un don nadie.
El temor hacia ti mismo es quien decide tus propios sueños.
El temor hacia ti mismo confirmará por siempre tu victoria,
y cuando aquella lucha que existe entre el tú y tú
confirme la ganancia de tu propio ser,
recién habrás conquistado tu propio mundo.

El perseguir de tu sombra

Nunca fui normal, y aunque unos pocos envidiaban mi esencia,
yo carcomía mi propio sentir y mi vivir
en los miedos y los temores que agobiaban mi alma.

Iba y venía desde niño recorriendo como un loco por las noches,
persiguiendo mi sombra en mi habitación oscura y un tanto tenebrosa,
pero aquello no era el epicentro de toda esta historia,
todo era en una real magnitud más y más relevante,
cada paso de mi corazón que fue por siempre seguido y acorralado
por los demonios, los fantasmas y lo sobrenatural.

Al día de hoy sostengo el valor de contarlo y comentarlo,
ya que en este mundo solo los locos
marcarán la historia y la leyenda
ante un universo que se nos escapa cada día,
tal cual, como tú y yo en algún momento
hemos querido conquistar lo impermitido.

El canto del nacer

Hemos nacido para ser felices en instantes,
llorar y amar, y plasmar nuestras sonrisas en alegría,
pero lamentablemente, cuando el destino lo diga,
tener una cita con «la muerte».

Y aunque no lo queramos admitir,
en aquello entra en juego la esperanza y la fe
que hemos puesto aquí en tierra como alma, corazón y espíritu.
Todo aquello es el valor y el coraje
para el encuentro con la «muerte»,
y el comienzo de otra vida sea donde sea,
en un más allá.

Los siglos marcando tus pasos

No es el nuevo año el mejor,
sino tú mismo que propones tus propios pasos a la victoria.
«Recuerda que el antes ya fue, y lo próximo vendrá
cantando tu propia canción, y aquello es el posible futuro
para tus triunfos y victorias de acuerdo al coraje y la valentía
con que enfrentes tu vivir y tus desafíos».

Los pinos ocultos del alma

Intento romper mis temores.
No se apaciguan, pero existe un canto,
y ese canto es la libertad que está oprimida en mi ser,
y en cualquier momento de mis pensamientos
anhelo que se convierta en paz.

No lo quiero hoy ni mañana,
solo quiero que suceda y sentirme libre
de esta pestilencia donde no hay calma
y solo lo sobrenatural me dará una solución.

Entre pinos verdes veo mi paz,
y entre pinos negros y secos veo mi mortandad,
pero la luz es amarilla,
y cuando lo amarillo causa un brote en mi corazón
produce esperanza de algún día poder gobernar mi sentir
y que aclare la mañana en un son de paz para mi alma.

No estoy loco, pero lo sobrenatural,
que en sí para ti no lo conoces,
para mí es la lucha que me ha tocado vivir
y nadie la entenderá.

Solo soy yo, un hombre natural
que anhela concebir la paz hacia su corazón y su alma.

El pleito de lo material y el espíritu

Existían miles de hombres y yo.
Yo no me consideraba como todos.
Eso me hacía especial, aunque miles de hombres se burlaran.
Esa burla les hacía más daño a ellos que a mí,
ya que yo en mi templanza no tiritaba ante nadie.

Solo solía darle poca importancia a lo que se vive aquí en este mundo,
lo cotidiano, el esmero de ser mejor aquí en este sitio.
Para mí eso vale una mierda, ser mejor o no mejor.
Lo que a mí me vale más como loco,
es ver lo que hay más allá,
algo después del mejor carro, lo material
y la vida engañosa de cuidar el dinero que no acompaña a la tumba.

Aquí me quedo y me quedaré como un loco por siempre
pensando diferente a los demás.
En la frecuencia de la humildad de mi locura,
de amar y amar por sobre todo a los míos
e intentar buscar respuesta a lo sobrenatural aquí,
aunque los pulsos de mi corazón y mi alma
sobrepasen el límite que en sí está guardado en lo desconocido
y algún día lo sabremos y lo entenderemos.

La posesión y el menguar de los locos

Inevitablemente, el ocaso y la maravilla del corazón
menguan infaliblemente cuando somos atacados
por el miedo que soborna nuestra alma.
Y allí no hay remedio,
solo los locos lo comprenderán en lo oculto de su alma.

El espejo del nacer

Se ha roto el espejo del alma,
la pupila de los ojos del corazón
no se triza aún con aquel golpe
que sintió en la mirada que quiso cruzar aquel túnel.
«Todavía hay esperanza, y el volver a nacer de nuevo,
en algún momento retorcerá el destino a su favor».

Venciendo los golpes de la vida

Este pequeño bebé nació distinto, es anormal
y será por siempre una historia entre los pasillos
y los senderos de la felicidad
que anhela conquistar los miedos y la paranoia de su ser,
y en todo episodio vivido conquistó su destino en el porvenir
y lo que ha de venir en los golpes
que se cruzan golpeando su corazón y su alma.

La lucha de su amor dominó por siempre los golpes
y la metástasis que solo a algunos les ocurre en su alma,
y será vencida por el amor de su corazón.

El round y la lucha de la vida

En las orillas de los lamentos existe un poco de felicidad,
y eso no lo rechaces nunca,
allí están los momentos que tu alma necesita
para sobrevivir en el raudo round de los golpes de la vida.

Al parecer aquellos golpes sostienen un canto fuerte y dominante,
pero solo tú tienes el poder para no acabar perdiendo en el ring,
aquel que sostiene golpes de un guante
que solo quiere aniquilarte antes que el reloj diga que terminó la lucha.

Pero en ti está el poder y el coraje
de golpear más fuerte que los porrazos del destino,
y así ser vencedor ante todos los golpes de la vida.

La angustia, el sol, y el canto del gallo

Vaciando el pocillo lleno de recuerdos,
voy sintiendo la melodía de cada pétalo
que cae por las noches intentando sobrevivir al amanecer
lo que guarda su corazón,
y siendo que el sol sostiene mucho poder
cuando aparece junto al canto del gallo,
no puede avivar ni resucitar la luz
que habita en aquel pétalo lleno de angustia
que intenta revivir todo momento
como fue algún día su juventud, radiante,
llena de hermosura y fuera de su maldita pestilencia
que al día de hoy clama sostener solo un poco de paz y serenidad.

Conquistando la vida

La conexión con lo sobrenatural matará el espejismo de mi vida,
pero la mente es la rueda de tu propia historia
que gira y gira sin destino.

Viejo Turres, has sido un gran ejemplo para mi vida.
Un gran y eterno afiato que se ha consolidado en nuestro vivir.
Has tenido sobre mí un amor de padre,
y eso vale infinitamente en la eternidad de tu sabiduría.

Te quiero, viejo.
Me has sacado de muchos pozos
que han intentado gobernarme en mi angustia y soledad.
Si he de rozar tu corazón con mis palabras,
recuerda que nuestros bosques y todo árbol de vida
por siempre serán distintos,
pero la carrera siempre será igual,
y aunque el reloj y su minutero caigan sobre tu hombro
marcando la cruz de tu destino,
por siempre el mañana será diferente
si le pones ganas a tu corazón
en todo viaje y sendero para tu vida.

La copa de la victoria vale una «mierda»,
solo sé tú mismo y encontrarás el triunfo para ti mismo.
Y en aquello no existe una copa,
sino la gracia y la plenitud de haber conquistado tus propios sueños.

La inconsciencia, el poder de los locos

La conciencia se altera con los episodios que ocurren en el hoy,
pero la inconsciencia rema día a día
en todos los tiempos del vivir.
La inconsciencia va y viene
conquistando tu pasado, tu presente y tu futuro.

La inconsciencia, cuando realmente conecta tu corazón y tu alma,
sostiene y rebalsa aquel poder que habita en tu mente
para poder luchar con todos los vientos y mareas
que agobien en angustia tu existir.
Y es más, la inconsciencia sostiene el poder de llevarte a la felicidad
aunque te sientas abatido.

El poder de la inconsciencia, si se ha de dominar,
apagará el fuego que carcome tu alma.

El recorrido y los propósitos

Remarás en tus aguas para sostener tu hoy
y apagar tu pasado sin saber lo que ocurrirá en tu futuro.
Y por entre tanto, no reconocemos que toda historia
involucra un pasado, un presente soberbio
que aparenta un dios que sostiene poder hoy,
pero nunca sabrá lo que es un mañana,
y así, cuando tu pasado y tu presente te han matado
en el round de la vida,
nos damos cuenta de que, como seres naturales,
nunca podremos gobernar lo que viene hacia adelante.

Nos damos cuenta de que nuestros sueños,
si son predestinados,
son solo la obra del destino
sin nosotros tener poder alguno.

La ausencia, y la voz de los nuestros

En las ausencias conoces las reacciones de tu propio ser.
Inevitablemente, no vuelves a ser el mismo,
y aquel fuego quema tu alma y tu cuerpo
mientras bebes un trago lleno de nostalgia
junto a los cigarrillos rebalsados en la melancolía
que claman en la oscuridad de las noches
que aquellas estrellas en sus guiños
anuncien las voces de vida
de quienes han sido nuestros seres amados.

Los sucesos en un más allá

Las fantasías son las ilusiones de tu vida,
y los sueños, el propósito en el viaje de tu destino.
Y Dios, el dueño de todo aquello.

Esta pequeña copa llena de sangre,
un buen vino, un gran cigarrillo
y una hermosa y gran canción
trae un cambio, aunque sea por un tiempo,
y solo Dios y este loco lo saben.

Sobre toda ideología existe tu destino.
Y por más que en ningún lugar exista explicación,
solo tu alma y tu corazón comprenderán en la inconsciencia
hasta dónde podrán llegar,
ya que el llegar sostiene un límite,
y esa comprensión de lo desconocido
sostiene el poder donde nunca lo humano
podrá conocer aquí en esta vida terrenal.

Promesas, juramentos y compromisos

El juramento y las promesas vienen con la protección de lo alto,
y eso es en parte difícil, aquello es sobrenatural
y puede ser tu propia traición.

Pero los compromisos son tuyos,
y por siempre lucha por ellos,
y así, si tú como humano los cumples,
serás grande por siempre en la vida.

Caminando por los sitios de la vida

No te esfuerces ni te empeñes en ser el mejor
o ganar un trofeo o una copa.
Los triunfos en la vida se acercan en lo inesperado
que sobrevive en tu destino,
y sin embargo, la perseverancia
es una añadidura de vuestro sentir
que se debe utilizar en todo ámbito de vida,
sean cuales sean los momentos vividos en nuestra existencia.

El León de Judá, fidelidad eterna

Vuelto loco, paranoico y mirando las puertas del suicidio,
salí adelante cantando junto a mis bombos y mis platillos.
Mendigué querer, aliento y protección en lo difícil de mi existencia,
y solo unos pocos humanos estuvieron unos instantes conmigo
y al tiempo se alejaron.

Pero el León de Judá fue, ha sido y será por siempre fiel,
manteniendo en pie mi corazón, mi alma, mi espíritu y mi cuerpo.
Aquel León no traiciona, te acompaña en toda ruta de vivir
con tan solo permanecer en el amor
que se nos ha sido otorgado para conquistar algún día el mundo en su vivir.

Humanos retorcidos en su inocencia

Miro la ciudad, miro los cuerpos y sus facciones,
veo y miro sus paranoias de la vida real,
algo tan similar entre sus seres
que viven creyendo que es una realidad
y no han descubierto lo que existe detrás de su espejo.

Y yo, un poco y tan distinto, vivo mi paranoia y mi locura
que mis semejantes creen que podría ser irreal.
Y aun así, trato día a día de ser normal ante ellos
que tal vez están viviendo en una irrealidad
al igual que la mía, que nunca nadie la entenderá.

La única diferencia es que ellos son iguales
y nunca se darán cuenta
de que su realidad es una irrealidad
marcada por la inocencia de su alma
que nunca ha dado un paso
para intentar saber qué hay más allá de lo desconocido.

Viviendo y amando

Si tuviera que elegir el día de mi muerte, sería «hoy».
Todos lo decimos y hacemos el valiente y el corajudo en el hoy,
pero sabemos que no es verdad,
y en lo que sucede en nuestro existir,
en nuestra propia sinceridad, no queremos morir ni hoy ni mañana.

El coraje y la valentía solo duran un rato
mientras nos ataca nuestra propia decepción y agobio.
Nadie quiere morir, y a pesar de que algunos
hemos estado al borde y en conexión con la muerte,
«nunca en el fondo de nuestra alma queremos morir»,
solo anhelamos vivir un mundo
fuera de desdichas y problemas que atacan nuestro ser.

Pero la vida es así, viene dictada con un destino
que ni tú ni yo somos dueños ni tenemos potestad.
Solo vive el hoy con un buen corazón y mucho amor,
y mañana, cuando mueras,
encontrarás la respuesta a tus enigmas.
Aquí, allá y más allá, no sostenemos poder.

La conciencia y la vida de los locos

Y si el pronto fuera tarde, mira tu presente.
Allí no existe ni pasado ni futuro,
solo un hoy que piensa e intenta gobernar su propio yo.

Y por más que el pasado y tu futuro estén sujetos a tu hoy,
solo vive con amor en busca de la paz y la serenidad
que será el encuentro contigo mismo
ante todo lo que venga en tu vivir.

De aquí, allá, hoy, antes y después, no hay más,
«solo un encuentro contigo mismo
intentando dar solución a lo que no podemos llegar
ni hoy, ni en lo que fue, ni el mañana».

«Solo vive con amor, esperanza y fe
en que algún día vendrán tus respuestas».

«Eso es la vida, un enigma, un secreto,
y el paso a lo desconocido cuando te atrape la muerte».

Los pasos naturales

No prometo ni juro, aquello solo es celestial,
pero si me comprometo, aquello es una tal forma
para todo ser humano de no fallar.

El compromiso en lo humano sostiene un poder enorme
en la lealtad de quienes han sido excelentes
y buenas personas contigo.
El compromiso humano nunca fallará
si existe la conexión de corazón y alma entre humanos.

La promesa y el juramento se alejan de lo humano,
pero cuando hay un querer y un amar más grande,
todo ejerce la lealtad que no traiciona.

El juramento y las promesas son celestiales,
pero un humano en amor puede cumplirlas,
y los compromisos en sí son parte del cuerpo
aparte de los juramentos y promesas del alma y corazón,
que en cierto modo, ante toda adversidad,
pueden concretarse de acuerdo al coraje y la valentía
que plasma tu palabra como ser natural.

Los tiempos y su valor

Mira tu reloj ahora, no te muestra ni el ayer ni el mañana,
«solo te muestra el hoy».
Y este hoy sostiene la facultad de remar en tus aguas hacia tu futuro,
y en cierto modo, sostener un cambio ante lo que ha sucedido en tu pasado.

Solo mientras pongas la voluntad de superar lo que sucedió,
el pasado se hará un poco más fácil
que tu presente y tu futuro será distinto.
Sin embargo, tu presente y tu futuro
son el real valor de tu vida.

La riña entre almas y dolor

La indiferencia es una especie de venganza
que carcome los sentimientos de dos almas.
Ambas sufren sabiendo lo que sucede en su corazón.

La dirección del verdadero amor

Permites el encuentro con mi horizonte.
Eres mi ocaso cuando me ilumina el alba
que rebalsa todo sentir y emoción
que nace del alma y el corazón.
Y allí, en el encuentro de lo mágico y sobrenatural,
solo tú puedes dominar aunque sea un poco mi corazón.

El sentir en el fondo del corazón

Con un tango y un rock,
en la cueca y la cumbia,
con la cebolla y lo andino,
y entre boleros y el punk,
mexicano y flamenco,
sobreviven los sentimientos de cada cultura
amarrando de por vida la historia de nuestro corazón.

El remar de tu sentir

Existe un solo cielo, pero existen dos infiernos.
El que se vive en nuestros noticieros día a día,
y el que se nos ha sido prometido por nuestro actuar en la vida.

Solo preocúpate por lo que sucede en tu corazón
y conocerás ese único cielo
que es la promesa del valor eterno de tu alma
en la única realidad del amar,
aquello que solo nació y vivirá por siempre contigo
de acuerdo a los sentimientos de tu corazón.

Recorriendo la mar de la vida

Un barco, una barca, un buque, un bote, una lancha y una balsa
representan el valor del gran corazón y la humildad del vivir,
y en otro modo, la ignorancia que va en relación al sentir
que ignora sus propios modos de apariencia y agresividad
de quienes se creen grandes clases sociales
y se maltratan hacia ellos mismos en su ignorancia
de menospreciar al prójimo, no queriendo reconocer
su propio ego y su mierda de estatus, que los domina
y los trae y lleva de vuelta
sin poder reconocer que el verdadero poder no es el dinero,
sino el corazón.

Pero la mar es tan intensa y oleada
que hunde y ahoga todo lo que venga.
La mar del destino nos da a conocer
que toda semejanza somos alma y corazón.
Y más allá de la riqueza,
solo existen huesos de cuerpo comidos por los gusanos.

El cruce de tus misterios

El símbolo de tu corazón vive en ti.
Son billones y trillones de sensaciones,
y cuando el encuentro con lo desconocido
cierre su ciclo y abra los cielos en el verdadero despertar,
comprenderás el zodiaco, los libros de la eternidad,
las profecías que fueron tierra y cielo,
los momentos e instantes en amor que nunca quisieron morir,
los barcos en los viajes eternos buscando paz,
«y por sobre todo, en algún momento conocer tu propio yo,
que marcó una historia en los pasillos de tu propia humanidad».

La memoria en el silencio de tu corazón

Se cierra el Facebook por un largo tiempo.
Se cumplió la promesa delante de mi viejita querida
que habita en otro sitio, que tal vez mira pacientemente
y con orgullo lo creado.

Ya las tres obras concretadas serán parte del destino
y se han realizado todas en su memoria.
Ya el futuro, el ayer y el presente
han cobrado vida en sus tres tiempos.

Muchas gracias a quien absorbió el alimento
en la nostalgia, la melancolía,
y algunos instantes de alegría y felicidad.
Ya todo pasará a un buen fin
donde solo mi eterno Dios hará real mi promesa para con mi amada madre.

Entre las cosas donde no existe el arrepentimiento,
es donde solo has sido feliz aunque sea un momento.
Y aquello ocurre en el sonreír de la felicidad,
y en las lágrimas de la nostalgia y la melancolía.
Todo aquello son recuerdos que sobreviven
en los baúles de tu memoria
que está guardada en tu corazón.

El parpadeo de vuestro ser

La fragancia de tu espíritu,
el aroma de tu alma,
y los placeres de tu cuerpo,
son el equipaje que va
con dirección hacia algún sitio,
allí, donde la mente,
el corazón y vuestros cinco sentidos
tiran las cartas a la suerte
y los rumbos del destino,
donde parpadean las luces del universo.

El pesar y el pasar de la vida

Somos individuos con un pesar y un pasar,
y aquello es la cruz que ha sido prometida
desde que se creó la humanidad.

Ahora, sé feliz y pon calma a tu corazón,
«y solo espera con prudencia
si es que has caminado en tu vida con amor».

La fragata de los locos

Shakira está dolida,
Piqué está dolido.
Ahora, mira, monos,
cómo estamos con esta entretención,
aquí, ahora, si fuésemos famosos
en nuestra juventud,
tendríamos más copias vendidas
que «él despacito de Luis Fonsi».

Solo preocúpate de ser feliz tú ahora
y a tu propio antojo fuera de maldad,
y más allá de poner en ejercicio
la vida de tus semejantes
comparándola con Piqué y Shakira,
mírate al espejo
y analiza lo que es hoy tu vida.

Vive tu vida en la templanza,
la serenidad y la paciencia
otorgada a tu espíritu,
«solo así serás feliz
en tu propia fragata
por los mares de tu vida».

Las señales de la iris

La iris es el punto débil de toda mirada,
de todo actuar, y de toda forma de ser.
Quién lee la iris conoce todo lo que habita en el corazón,
y aunque cerrando tus ojos quieras desmayar lo que ocurre,
ocurrió y ha de ocurrir en los tres tiempos que existen,
nunca podrás.

Quiénes vemos lo profundo que sucede en la iris,
estamos conectados mucho más allá de tu propio universo,
y conocemos el bien y el mal.
Y todo esto, muchas veces nos duele inmensamente en el corazón.

Los pasos de la mente

Detesto estar amarrado y atado
a mi propia libertad en este sitio
que vivo hoy aquí,
en esta basura de humanidad.

Prefiero ser prisionero del pensamiento
y de la imaginación,
«allí me siento libre
y puede ocurrir lo que realmente anhela
mi alma y mi corazón».

Sueños y fantasías, tu propio ser

Y la sabiduría de mis palabras y mi corazón
sacará una enseñanza de amor,
y también será odiada por semejantes
que traen en su corazón la mediocridad
de no sostenerse por sí solos en este puto mundo.

¿Y si te matas, eres cobarde?
¿Y si se muere tu corazón y desvanece
ahora en el dolor que apaga tu conciencia y tu paciencia?

Aprende, amigo,
el hoy es tu ayer,
y el futuro la base de tu presente.
Y si sacas tu lengua de serpiente hoy
criticando a los demás,
significa que no has vivido nada en tu puta vida.

Seguirás siendo un mediocre
sin alcanzar tus sueños.
La preocupación de cada fantasía por cumplir
debe ser enfocada en ti mismo y nadie más.
«Los sueños son tuyos».

Jugándose la vida contra el reloj

La vida consiste simplemente
en retar al destino aunque esté escrito.
En eso se basa toda meta propuesta
a tu vivir para así obtener la satisfacción
que en sí, es el anhelo que sobrevive
pacientemente y a la vez eufóricamente
en tus ilusiones y tus sueños.

El tiempo es corto, el reloj juega en contra,
pero, la perseverancia siempre
destruirá los deseos malignos
de aquel reloj que quiere verte morir
sin cumplir los propósitos de tu existir.

Las noches del minero

Dicen que el trago mata,
«el trabajo minero y nocturno también
quita segundos de tu vida».

Para vosotros ahora es de noche,
y hay que regular el sueño para dormir,
mirar por la ventana mañana al amanecer
y descansar como es debido
el término del turno de una jornada laboral.

La eterna vida del olvido

Los recuerdos día a día increpan
la memoria con la intención
de despertar el corazón y el alma
donde en el olvido no existe la muerte,
más bien, existe otra vida
amarrada a nuestro espíritu.

Los fuegos del pasado

El fuego podría arder si ambos lo permiten,
pero es inevitable que todo se vuelva ceniza.
Solo así son los recuerdos,
una especie de revivir lo que no fue
y nunca será.

Y aunque los prados quisiesen ser verdes en la realidad,
son solo sueños que envolvieron el pasado
con maravillosas aventuras.

Tiempos ciegos

El mañana nos permitía soñar,
el ayer nos permitía recordar,
pero, sin embargo, el hoy a veces
era alegría y felicidad,
y en ocasiones una peste maldita
que no queríamos vivir.

Y aunque intentes adelantar o detener los tiempos,
por siempre ocupan el mismo lugar en el reloj,
y eso se llama «destino»,
un tiempo que ocupa un lugar en nuestra vida
jugando con todas nuestras emociones y sentimientos,
«eso nada más, y de allí no hay más
hasta que nos atrape la muerte».

Reír y llorar, la valentía de nuestro existir

Sonreía y lloraba de vez en cuando,
y aquello eran dos formas de sentirse invencibles en este pasar.

El reír sostenía la gracia de ser feliz en esta tierra,
y el llanto llevaba valentía,
aquella que movía las estrellas y el cielo con su canto.

La ruta de la creación

Te explicaré un poco, hijo,
dentro de un par de años seremos grandes amigos.
«Sígueme un segundo», ve y mira hacia adelante,
caminaremos dos horas en el pensamiento
y tres horas en la imaginación.

Terminaremos esta ruta,
y diez o quince años más, si tu padre y amigo todavía vive,
deseo que me cuentes lo que has visto.
Yo por siempre sabré lo que ocurrió en ese viaje,
sabré las diversas emociones y lo que has sentido.

¡Pero te digo algo, hijo! «No sabré lo que has visto».
Y aquí tu padre, que vivirá un minuto o cien años más,
nunca tendrá la visión de tu pensamiento,
pero en la sabiduría de su esperma que te engendró,
por siempre sabrá lo que ocurre en tus sentimientos y emociones,
y solo quiero antes de partir
que aquella visión que solo nuestro Dios conoce eternamente,
la acompañes de estos grandes sentimientos y emociones
que vi en aquel camino cuando tus pupilas y tu iris
se llenaron de un gran amor desde el momento
que tu madre y yo te hemos creado.

Los amaré por siempre, mis hermosos retoños.

El arca de los locos

El tiempo, el correr de tus pies marcando huellas hacia la deriva,
era todo lo que vivíamos, una especie de querer romper un planeta,
y en cierto modo, tocar con tus soberbias manos las estrellas.

Éramos inútiles en lo que eran las cercanías,
pero, diamantes pulidos donde nos esperaba aquella arca
llena de pasajeros que intentaban salvar sus almas,
y algún día acariciar el universo.

La carrera de tu corazón

«Mira una tortuga, un caracol, un tigre y un guepardo».
Analiza con prudencia y verás que todos son rápidos
a la hora de intentar hacer realidad sus sueños e ilusiones
en el corto tiempo de su vivir.

Todo ser viviente es veloz en la carrera de su vida,
y solo así te darás cuenta que el verdadero protagonista
de tu vida eres tú mismo y nadie más.

Y aunque suene egoísta, el timón de aquella barca eres solo tú,
«quien intenta cada día marcar los pasos de tu propia existencia».

El espejo de los vagos y los mendigos

Miraba mi espejo por las mañanas,
veía ese «yo» que anhelaba mi alma
que volviera con fuerza de principio a fin,
un «yo» que le perteneció a los burdeles,
a la bohemia y a un trabajo duro
mendigando alimento como un vago en otras ciudades,
pero aquel «yo» se escapaba de mí,
arrancaba y salía del espejo
no queriendo nuevamente volver
y tocar el fuego que me hizo perecer
en dolor, sufrimiento y agonía
en el pasar oculto de todos estos sitios.

Ese «yo» me habló silenciosamente
mientras se balanceaba por mi habitación
sin que lo tocara.
Me dijo tres veces al oído,
«esta es tu vida, ahora eres feliz»,
«esta es tu vida, ahora eres feliz»,
«esta es tu vida, ahora eres feliz».

Y así, solo comprendí hace varios años
la verdadera respuesta de mi propio «espejo»,
y aunque en momentos extrañe la adrenalina
del «buscavidas», solo sé que fui feliz,
y ahora soy «feliz».

El óvulo eterno, «amor de mujer»

«Solo son mujeres», dijo el cabrón,
«Solo son mujeres», dijo el padre ausente en su propia decepción,
«Solo son mujeres», dijo el patrón maldito que la maltrató,
«Solo son mujeres», dijo algún día la justicia,
«Solo son mujeres», dicen algunas culturas y no ven su dolor,
el parir, criar y amar más que uno mismo.

Solo sé que son madres,
son el óvulo eterno de la creación,
el verdadero sentir de una madre,
tía, hermana, prima y mucho más.

Solo sé que son el poema y la filosofía
que otorga el amor a la creación,
un verso oculto que mueve el corazón del hombre con amor,
un fragmento donde no hay muerte en la historia de la generación.

Solo sé que todo no es recuerdo,
sino la magia del sentimiento
que camina día a día con el canto bendito del cariño y el amor.

Y así, todo fruto que al día de hoy eres tú,
por siempre será gracias a la bendición
de una estrella única que se llama «mujer».

Los mares de la bulla y el silencio

Con rabia, con alegría,
con furia y con nostalgia y melancolía amo la vida.
Y, aunque el tren sea distinto para todos,
nuestra metralleta por siempre,
inevitablemente tendrá disparos de odio y amor.

No es casualidad, solo son los golpes
de la eterna vida que vagabundea en felicidad y dolor de los mares.
Los disparos son eternos,
y entre principio y final,
ocurre la bulla y el silencio,
pasares de tiburón y delfines envueltos en odio y amor.

La bohemia de los corazones

«Bohemio» le llamaban al discurso del hombre mujeriego,
mientras «bohemia» también podrían ser las noches
de ambas almas viviendo los recuerdos,
y así desnudándose en los golpes del amor y la imaginación,
revivir cada recuerdo que ha sido guardado
en la memoria oculta de cada corazón.

Los sucesos, el tiempo y su vivir

El mundo es tan inexperto,
solo tiene que suceder la desgracia
para golpear las puertas de tu corazón
y así entender que los días son distintos para todos.
El ayer es maldito y fugaz,
es reír y amar, y por mucho que esto suceda
también en el presente y el futuro,
inevitablemente la memoria nunca olvida.

Vagos y mendigos, «bendición y pecado»

En mi corazón ocurre la bendición y el pecado,
la dirección del timón la llevo en la nostalgia
de los golpes de la vida, en los roces de sentimientos
que provocaron risas al acariciar mis costillas,
y sin embargo, aquí soy el mendigo y vagabundo
que va y vuelve con el soplo de los vientos del destino.

Tú y yo, «canción de amor»

Nosotros somos amor
Y aunque hubo dolor,
con cariño y eterna pasión
reviviremos el paraíso eterno
prometido a la creación.

La vida es una canción
donde habita la emoción
de corazones, versos y besos.
Y aquí, en este sitio, basta
tan solo eso.

Llanto, canto y nacer

Prefiero una y otra vez
correr intensamente por un puro y gran sueño
que en algún momento hecho realidad
ponga una eterna satisfacción a mi corazón,
«esas son promesas».

De eso trata la vida,
de contemplarte a ti mismo por la mañana
frente a ese maldito espejo y decir,
«Mis sueños serán realidad,
ya que se los debo al sufrir
de aquellas entrañas,
que con dolor escucharon
mi primer canto llamado llanto en mi nacer».

La corrupción de los hipócritas, «allí hoy no existe justicia»

«Somos vagos, somos mendigos»,
de lo contrario, nunca hemos recorrido
lo que es la vida.
La cuna de oro se maneja
solo en el bienestar de la herencia
otorgada por sus simientes de maldad,
y eso por siempre se llamará
«clase política».
La que nos caga, la que nos roba,
la que saca el jugo de dólares
jugando y exprimiendo los pulmones
de la vida de gente inocente
en su propio beneficio.

Las campanas de la muerte

365 días del año sonaban
aquellas campanas de las iglesias,
eran responsos, funerales
y recordatorios de las muertes.

Inevitablemente, esas campanas
cantaban el silencio de los que
seguiremos en la cadena de la muerte.
La frase y la potestad del destino
donde ningún humano sostiene poder alguno.

Pasajeros del mundo

Los temores en estos tiempos
solo se combaten con la euforia y la adrenalina,
de lo contrario seremos absorbidos
por la eficacia de cómo se mueve el mundo hoy día.

«Cantando la verdad»

Debemos ser rodeados por siempre
de personas que amen, aunque sea un poco,
sería inútil decir, de personas que amen mucho.
Nadie nunca nos amará como
ustedes y nosotros quisiéramos.

«Recuerda esto».
La porcelana se quiebra con tan solo mirarla,
y con un sismo caen los edificios,
por lo cual, los rencores inevitablemente
quedan en el corazón por siempre,
«no es fábula, es realidad,
los choques de emociones y sentimientos
nunca volverán a ser lo mismo,
todo esto es, inevitable».

Rutas, camino, y recordar

Siempre lo recuerdas, «verdad».
Está solamente en tu mente la situación
en que tú has sido víctima, pero,
¿recuerdas en tu mente cuándo tú has sido el
«delincuente»?

De por sí, la mente pone en función
los recuerdos a su favor,
pero el corazón testarudo y soberbio
que todo ser humano sostiene,
siempre le teme a doblegarse ante sus errores.

Pero siempre el amor es perfecto,
y llega un instante donde toda disculpa
tendrá que ser mutua,
ya que entre el bien y el mal navega
la barca de todo destino.

No somos mejores ni peores,
solo somos almas queriendo partir
hacia algún lugar con paz en el corazón.

La lealtad y su camino

El cáncer más maligno,
es el que se lleva en el corazón,
aquel nunca dejará partir en paz tu alma.

La razón y la pasión de tu corazón
son la eterna carrera que lucha día a día
en mantener la lealtad hacia ti mismo
para así comenzar un sentir eterno y verdadero
hacia tu semejanza.

Los lamentos del silencio

Un necio me habló
y recalcó que en él nunca había ocurrido una derrota.
Solo lo miré, mi interior sonrió
en el silencio oculto que sostienen las almas,
«y me dije a mí mismo».

He visto robles llorando por agua,
tigres mendigando alimento,
y totalmente, toda la humanidad y yo,
lamentando ser lo que no pudo ser.

Y así, en cinco segundos entendí
la decepción que habita en el corazón de los necios.

Las copas, «prisión y amor»

Amar es un castigo,
y su prisión es,
«no poder olvidar».

Los santos falsos, cuerdos, e hipócritas

Le llamaban pecado
a excederse en las copas
y cantar con el corazón ebrio
las verdades a la humanidad.

Yo le llamaba más pecado
a sumergirse en la hipocresía
sano y sobrio y creerse santo.
Eso era un poco más cínico y venenoso,
al menos para mi pesar,
eso era, someterse crudamente
a un podrido corazón en su propia sobriedad.

La prisión y la libertad de tu corazón

Si allanara el diablo mi corazón,
encontraría lo suficiente para llevarme con él,
pero no lo suficiente para quedarme con él.

Allí está la diferencia en cada corazón,
y «solo el sabio entenderá aunque sea un poco todo esto»,
ya que lo demás solo vive y permanece
en tu corazón y tu alma.

El realismo de vivir y morir

Todo es muy simple.
Mañana estaremos muertos,
hoy estamos vivos,
y ayer estábamos recién comenzando a vivir.

La maldita mierda nos consumía en aquellos tres tiempos.
En el estar muerto no había solución,
en el hoy, inevitablemente la muerte
y el destino cantaban día a día
el fin de tu paso por este sitio,
y el ayer, fue un tanto y un poco más feliz,
pero de igual manera todo es una mierda,
ya que nunca podremos permanecer
eternamente en el momento e instante perfecto
para nuestro corazón.

Y toda esta maldita historia sostiene un maldito precio,
y aquel, es que tu corazón
en algún momento perderá su pálpito,
y allí termina inevitablemente
nuestro paso por este sitio.

El poder de la eterna realidad

La ciencia está llena de moscas,
es solo una inteligencia humana
queriendo dominar y crear
una ideología que sostiene un fin.

La palabra santa, «la biblia»,
de nuestro eterno Dios es vida
aquí, ahora, ayer y por siempre.
En aquella palabra nunca ha habido
error ni equivocación.

El cariño de los hipócritas

El día que tenía
y supieron que tenía dinero,
mil llamadas pérdidas
en el maldito teléfono.

Y el día que estuve pato,
como dijo el buen Chileno,
solo tuve la voz de mi Madre
que vive en mi corazón,
y está muerta en este sitio,
pero que vive cada día
en mi eterno corazón.

Era todo tan raro, tan equívoco,
como quien traiciona
tu propio corazón
en su propia ambición
de solo satisfacer
su propio sentir cuando hay dinero.

Castillo de ilusiones

«La esperanza», el gatillo
que dispara día a día
en lo sincero e inocente
que gobierna los pasos del corazón
en vía a conquistar nuestras ilusiones,
será por siempre lo que sostiene
aquel castillo de arena
que nos mantiene vivos
en las flores de vuestros sentimientos.

El corazón, vientos y tempestades

El tiempo solo es tiempo, no cura el desamor,
el desengaño ni las decepciones de cada ser.
La verdadera cura sobrevive en volver a nacer,
en volver a ponerte en pie cuando los vientos
y las tempestades agobien tu alma.
Y esa fuerza al levantarte al amanecer
le pertenece solo a tu corazón.

Las estaciones de la vida, de 21 a 21

Ha terminado el verano, se fue un ayer.
Seguirá el canto del sol más leve por cierto rato,
y las hojas comenzarán a caer lentamente de los árboles,
cantando canciones de amor y de las proezas
que vivió tu verano en alegría, amor, melancolía y nostalgia.

El verano acabó, el otoño llegó,
y mañana tendremos invierno de amor,
primavera de flores y amaneceres mejores.
Y luego, en un pequeño palpitar,
volverá nuevamente nuestro verano
cantando otra canción de vida.

Volando en la eternidad

A dos personas que se aman
los unirá mano a mano la vida,
inevitablemente los separará la muerte,
pero, el amor sincero
habitará y sobrevivirá por siempre en el corazón,
y eso se llama «eternidad».

El tiempo y su camino

El tiempo va,
el tiempo corre,
el tiempo no esmera ni ilusiona.
El tiempo muchas veces traiciona,
en ocasiones, es nuestro rey
cuando todo en la vida va bien,
el tiempo es la estrella fugaz
que cumplió los deseos en algunos,
más, el tiempo en diversas situaciones
es el verdugo que ha hecho morir
tu alma en ciertos instantes.

El tiempo es el ancho y angosto camino
que nos permite vivir en la pena y la gloria
en vuestro existir.

Al fin y al cabo,
«el tiempo es la vida».

Mendigos y vagos buscando amor

No necesitamos el apego,
sino «el amor».
Suena cruel, pero,
por siempre todo aquello
será similar y en mayor grado distinto.

He sido unas cuantas veces
un vago,
un mendigo que no necesitaba apego,
sino una cantidad inmensa de amor.

La ilusión, «las manos del corazón»

No destruyas tu ilusión,
ella no es ficticia,
«es real»,
solo se vuelve ficticia,
cuando no lo permite tu corazón.

La búsqueda de lo no permitido

La vida humana es la búsqueda
y el encuentro a soluciones de enigmas,
y aunque no se sostenga solución,
los corazones palpitan en la euforia
y la adrenalina del encuentro con lo desconocido,
y las mentes, en su fatiga y no en el pensar,
esforzándose eternamente en llegar a lo no permitido,
mueren lentamente sin conocer
lo que existe más allá de toda razón
y lo oculto de otro paraíso.

La raíz de la vida

«Recuerda esto por siempre».
Las peras nacen de un mismo árbol,
«todas son prácticamente iguales»,
pero la raíz de cada árbol sostiene
la esencia y el sabor de cada pera.

Solo los golpes de la vida
dan el entendimiento a todo esto.

Locos son pocos, y normales son muchos

«Me lo advirtieron»,
la gente normal es más peligrosa que los locos.
En lo normal se vive el anhelo
de quienes quieren ser locos.
Los normales matan creyendo que eso es locura,
pero no saben, en su inocencia,
que la locura es una dimensión distinta,
donde habita un amor sobrenatural
en donde no tiene cabida la maldad.

«Los sueños, tu propia propiedad»

Lo has intentado, ¿verdad?
«Hacer realidad tus sueños,
motivarte en tu anhelada y propia convicción de tus eternas ilusiones.
Mendigar al cielo
la realización de tus fantasías
en la fe y la esperanza de lo que crees, y en tu corazón todo se vuelve
una realidad.

En los pasos de tu conciencia
lo ves demasiado difícil, mientras la inconsciencia te habla cada día
y te explica que todo ser puede, en su instinto y motivación,
volver todo esto que piensas y sueñas
en una inmensa y eterna realidad.

Solo piensa y recuerda tan solo una vez:
«Los sueños son tuyos,
y no hay impedimento alguno
si tu corazón y tu alma lo creen y sostienen el poder
para hacer todo realidad».

«Los sueños y las ilusiones
son tu propiedad y de nadie más.
El mal comentario es la mediocridad de quien quiere atrapar
sus propias decepciones.

Tú, aquí, solo cumple tus metas
en la eterna convicción de la fuerza y el coraje de tu ser.
Más allá no hay más,
solo la valentía que nació y yace siempre junto
a ti mismo».

Los deseos de tu nacer

La exigencia no es un martirio.
Aliméntate de ti mismo cada día
y verás que no existe lo imposible.

Quién te rodea por siempre será afecto
y, por otra parte, un cierto grado de odio,
«eso es normal».

Recuerda aquel pastel en tus cumpleaños,
tus deseos y tus metas por siempre serán eternas.

El pesar y pasar de los siglos

Rostros son rostros, caras son caras,
corazones son corazones.
Y en ese simple «son», se define la vida.

Alcurnias y chozas sostienen
malditos y buenos sentimientos,
y así, como transcurre el seguir de la humanidad,
nos damos cuenta que existen castillos
de piedra y de arena.
«Piedra santa y maldita, arena bendita y maligna».

Los seres nacen en la inquietud de un feto
que ya tiene escrito su propio destino.

Payasos crueles

Somos tan arrogantes e inhóspitos,
una realidad tan extensa,
que marca nuestra propia crueldad
de no poder amarnos los unos a los otros como se debe.

La factura en la mente de los locos

En el gozo de la ilusión no hay precio,
al igual que en los placeres de las fantasías
existe la real conexión con tu propio ser.
La imaginación y el poder de la mente
pueden ser fatales si el individuo no las sabe dominar.

Sueños y vida, el retrato de nuestro camino

Hemos sido enmarcados en un retrato,
aquel donde participan las heridas, las glorias,
las penas y las alegrías.
«Eso es la vida,
un camino en una realidad que pareciera ser un sueño,
donde algún día se tendrá que despertar».

El coraje y el temor del vivir

Los ríos de la vida y su cauce
son angustia y perseverancia,
existe el temor a no cruzarlos,
pero tu corazón sobrevive
en la fuerza y el coraje
de cruzarlos y cumplir
tus sueños e ilusiones.

El ser y nacer, razón y perdón

Ser niño, joven, padre, hijo, adulto y abuelo,
parecía perfecto.
Cada uno en esta vida prefería y anhelaba
la etapa perfecta para su vivir.

Y aunque la razón no sostiene perdón,
el perdón tampoco sostiene razón.
Somos seres que sostenemos y vivimos
solo lo que habita en nuestro eterno corazón.

Locos y cuerdos, valentía y cobardía

Quién entendiese a los locos,
se hubiese tomado aquellas 15 pastillas en su momento para estabilizarse,
«se habrían meado y cagado».
Solo así, nosotros los locos,
veríamos la valentía en los cobardes, necios y cuerdos,
que miran fácil todo momento e instante
cuando se batalla día a día en la discordia
de la mente y el poder de la imaginación.

Toda la mierda y humanidad de los cuerdos,
ven fácil su propia y eterna maldad,
que sin químicos ni drogas
se los consume cada día su podrido corazón.

La respuesta de los errores

Es mejor equivocarse ahora que después,
el ahora sostiene en parte una solución,
el después tiene pocas posibilidades
de recuperar el tiempo perdido.
«Y si te has equivocado ayer,
hoy es tiempo de reflexionar,
y tómalo todo como una lección».

La suerte de los mendigos

¡Ha muerto!, ¿sabes de qué?
Ayer en la madrugada supo
que ya no tenía fuerzas
para su propia existencia,
y ese fue su último aliento
en el juego de la vida.
«La baraja de la suerte del vivir
se partió muchas veces en contra,
y ya no pudo respirar
el canto firme que gobernaban
sus ilusiones».

Los males del palpitar y el paso por este sitio

Estamos rodeados y consumidos
por un mal menor, un mal común,
y un mal eterno, que juega el paso
de tu historia.
«1. La gente.
2. Todo el mundo.
3. El enfrentamiento día a día
con uno mismo».

Recordando historias de vida

Era raro,
la pelota de las pantis de mis tías y mi madre
reflejaban una ilusión al patearlas con fuerza
en las pichangas con los amigos de la calle.

Ninguno triunfó con esa pelota
como yo la había pensado,
tampoco yo lo hice.

La mierda de la droga se consumió a algunos de estos seres,
otros padecieron enfermedades y ya han muerto.
Pero la vida seguía,
el mundo corría en su propia maratón
de ser lo que anhelaban nuestras almas.

La carrera de todo individuo existía,
«era real»,
pero las sonrisas de cada uno de vosotros
parecían irreales.

La calle se consumió a algunos en la maldita droga,
a mí me consumió el alcohol y el cigarrillo,
y otros, que decían ser fuertes,
los mató su propia soberbia y ego
en esta maldita historia.

Al final,
encontré e intenté recurrir en la búsqueda de mi pensamiento
e intentar saber quién ha sido mejor o peor
en esta maldita historia y leyenda de vida.

Ayer me vi y los vi cantando,
hoy me veo y los veo cantando,
y el mañana, nuestro futuro,
es y será un canto de acuerdo a nuestro coraje y fortaleza.

Pasaron los días y los años,
y ya no sé de ellos,
como tampoco he sabido de mí mismo
en esta absurda, pero a la vez una hermosa historia
llamada «vida».

«El decir» de las almas blancas

No tengo ni mucho ni poco para dejar,
solo tengo mi melancolía y mi nostalgia,
cada paso de amor que fue sincero,
senderos de amor, que fueron mi esmero
en los pasos de un corazón entero.

Que ama, que amó, que odió,
que sufrió y que rio,
que nunca fue hipócrita,
y que siempre dijo
todo lo que tuvo que decir.

Sin maletas ni equipaje será tu viaje

No sirven de nada las personas que enjuician tu ser,
ni tampoco sirven de nada los juicios ganados y perdidos.
Solo sirve el juicio, que, aunque tú lo has perdido contigo mismo,
te permite seguir avanzando en la podrida y maldita eternidad,
que en cierto momento satisfacerá los enigmas ocultos
que sobreviven detrás de tu alma,
que vive despiadadamente golpeándose a sí misma
cada día en el viaje eterno,
sin maletas ni equipaje, solo con lo puesto,
que algún día llegará al infinito en la suerte de tu propio destino.

Tu sacrificio y tu eterno caminar

Nunca pongas en duda tus sacrificios.
Aquello es la ruta perfecta, donde existe la tempestad,
los tormentos y la inevitable angustia en los momentos críticos de tu vivir,
así como suceden las maravillas de tu existencia,
que son: «el amor, los instantes eternos de felicidad
y la propiedad autónoma de decidir quiénes somos
y seremos realmente en la vida.
Y todo esto, es a costa de tu convicción y tu eterno sacrificio,
solo recuérdalo así y por siempre, y nunca pongas ni agregues en la balanza
el mal comentario de lo ajeno, que no conoce ninguna pizca
de tu corazón y el sentir de tu alma».

El arca de la maldad

Era perfecto razonar y amar
en la eterna pasión y euforia
a la que fuimos sometidos en el canto de nuestro nacer.
Ahora, este mundo inútil, estúpido, indecente, cruel e imbécil,
recurre a la brujería para satisfacer su endemoniado y precario corazón
haciendo solamente el mal,
sin tener el mayor conocimiento de a lo que se están sometiendo.

La justicia de lo alto

Somos presos de nuestra ilusión,
un pesar, el amar y una linda canción.
La deriva se arrima inconscientemente a nuestras vidas,
como un verdugo y su arma,
que suelta y aprieta el gatillo,
amenaza el amor puro y la paz
que late en los corazones buenos con azotes.

Las llamas arden en su fuego,
y brillan entre azul y naranjo,
anhelando la luz, paz, esperanza,
y en su fe sus sueños.
La mañana se apaga, su atardecer muere,
y la noche consume sus sueños a ceniza.

Hoy es jueves, y tú,
balanceas tu jardín lleno de flores
que cantan libertad y paz
en un mundo malvado de reyes macabros,
que son príncipes lejanos a su semen,
que los quiso como reyes de un eterno amor.

Y así, poco a poco se inundó el mundo
con un canto ajeno a la vida,
mordiendo sus propios zapatos
sin pensar ni pesar, solo en su propia convicción de matar.

La crisis de la humanidad volvió a pasar,
así, como Sodoma y Gomorra,
ha vuelto a gobernar las piezas de la humanidad
sin saber que Dios es perfecto,
y la hora ha de llegar en su eterno e infinito poder
a cambiar y volver a todo el mundo
en su verdadero canto de amor,
como por siempre tuvo que ser.

Gotas y nubes de amor y dolor

«La baraja, una carta, la suerte
y la discordia». Meses con nubes, semanas de sol,
y años muertos y a la vez vivos.
De repente cae nieve de amor,
gotas de odio anunciando clamor,
de quien muere y nace, perece,
y en cariño se remece,
cambiando el dado por una carta
intentando esquivar la suerte y su propia muerte.
De aquello, sacas lo bello,
marejadas negras y azuladas, pastos verdes y amarillos
sujetados a los pétalos de una flor,
que vive y muere cantando una canción
de péndulos que matan en odio y amor.

Cruces de dolor

Ruido y silencio, murmullos y aliento.
Caminos distantes y senderos del caminante.
Ayer y olvido, recuerdo y memoria de poeta y cantante,
más los bienes de los males y los brujos,
que caminaron y rodearon tus esquinas tan mezquinas,
donde no hay miedo ni temor, ni dolor,
solo cruces sin camino ni risa, ni tampoco alegría.

Valijas vacías sonríen de dolor,
como flores en otoño, y risas de un payaso en funeral.
Aves vuelan sin un ala, mendigando su propio vivir,
mientras sacerdotes perdonan pecados que fueron su placer.
La vida actúa a la inversa,
en los vientos de esta maldita humanidad.

Los cantos del corazón

Cuando se actúa de buena fe,
y con el amor eterno de tu corazón,
nunca se tendrá nada que perder.
Solo queda en paz tu alma al brindar aquella canción,
esa mano a quien lo necesitaba en su momento exacto.

Las perdices tienen su canto,
los lobos su aullido,
los tigres y los leones,
el rugir fuerte que nace de su interior.

Los viajes de tu ser

Si quieres sabiduría, entiende a tu propio corazón
en los caos y las desdichas, si quieres amor,
entiéndete al amanecer cuando te mires al espejo,
allí permanecen tus sueños y tus ilusiones.
Si quieres matar tu angustia y soledad,
conócete a ti mismo, en aquello existe cierta paz,
que mata la angustia y te hace amigo de la soledad.
Si quieres cantar canciones y poemas de amores,
déjate llevar por lo oculto del amor
que habita en lo íntimo de su ser,
y si quieres morir ahora, que sea de amor por ti.
Y cuando creas más, que en vivir o morir,
pon la eterna música que te fascina,
y así, viajarás en el infinito poder del pensamiento
que pone en ejercicio el valor y los sentimientos de tu corazón.

Teorías viajando por el pensamiento

Se recordaba con prudencia, eso era infinito
y no ameritaba el martirio del ser humano
cuando todo lo hecho e inspirado con amor
daba un giro como un planeta alrededor del sol
contemplando ciertas galaxias existentes,
asimilando que podían existir otras vidas.

Se asumía en teoría que las luces y los brillos,
que resplandecían en los cielos de noche
y se avistaban como sombras en cierta parte luminosas de día,
podían ser en cierta parte otra civilización.
Y aquí, como un loco, no ciertamente conociendo toda ciencia,
sostenía el poder del corazón y del espíritu,
donde tú y yo estamos sometidos a creer,
y así en todo ámbito de humanidad,
en esa creencia que nos lleva con o sin destino,
«intentar poder salvar nuestras almas».
Cada quien sostenía su propia ideología,
en sí, un martirio que agobiaba las mentes naturales
intentando sostener alguna explicación.

La reacción, «10 segundos que marcan los pasos de la vida»

La vida, en la intensidad y resolución de su mente,
necesita solamente adrenalina
para saber su propia reacción
ante todo tipo de suceso vivido,
mientras el corazón solo necesita una gota de amor
para cambiar el rumbo de todo tormento y tempestad.

La unión de todo esto,
son los 10 segundos perfectos
antes de cometer errores
o intensificar las reacciones
en un buen o un mal fin.

Dolor y locura del corazón

En el dolor y el sufrimiento,
no sobreviven los límites.
Solo en la cordura sobrenatural
que habita solamente en los locos,
cada uno sostiene su explicación.
La locura no es odio ni violencia,
solo son sentimientos de amor
llenos de vacíos en el corazón,
donde las almas son vagabundas y mendigos
en aquellos sitios donde nunca seremos comprendidos.

Palabras de amor hacia el mundo

Estas letras son del alma y del corazón.
Y recuerden por siempre que nadie entiende la mente de Dios.
Son diversas religiones e ideologías que existen en este mundo
y todas pretenden sostener y tener la razón.
Solo queda guardar como hueso santo nuestro corazón,
así como dice la palabra, y tener a Jesucristo nuestro Señor,
como nuestro único Señor y Salvador.
Un Dios mismo hecho carne que ha perdonado y perdonó pecados,
y su Espíritu Santo, nos consuela cada día en toda aflicción,
y nos alienta en todo ámbito del vivir en este sitio.

La razón y la verdad a nuestras dudas sobrevive en el juicio,
mientras aquí, el camino, la verdad y la vida es Jesucristo,
Dios mismo hecho carne. Pero, aquí no existen religiones,
y no hay duda, toda cultura sostiene poder,
y en aquello, solo nos queda guardar nuestro corazón en amor,
ya que, lo principal de todo es, que Dios es «amor».

Caminando por el corazón y el sexo

Quien engaña a la mujer que ama por sentirse el Superman,
sostiene la gran debilidad de creerse el Rey del sexo y la pasión,
«recuerda que los burdeles y las cogidas en los kawines son solo pasos de juventud».
Quien tiene muchas mujeres, es quien realmente no funciona en el verdadero amor y el sexo.

Aquel sostiene el ego de la leyenda del mujeriego,
pero con cien mujeres no existe la verdadera pasión,
no se consigue amor, y ni siquiera el valor de tu erección.
Y quien deja cien hijos muertos de hambre,
no es por ser el verdadero cachero,
sino por la inexperiencia que sobrevive en sus sentidos,
que camina como rata en esta humanidad
sin nunca haber conocido el verdadero amor y el verdadero placer.

Más valiente y caliente, es el hombre que tiene una mujer,
que quien tiene cien y nunca las supo satisfacer.

La ruta del dolor

La única incertidumbre en tu inconsciente
y que inevitablemente no la ves,
y en sí, causa una eterna angustia en tu ser,
«es el mañana».
Aquel mañana no podría llegar,
simplemente podríamos estar «muertos».

La paranoia del verdadero amor

La vida tiene su reposo,
en ello ocurre cierto gozo.
Y entre tanto sentimiento,
e intentar lograr tu ilusión,
avanza el tiempo sin perdón
del sentimiento digno que repara toda acción,
donde tú y yo somos tierra, arena,
y el dolor en las aguas color marrón,
que pasan a ser un mar azul
entre la alegría de tu mar
al encuentro de su río,
que prometió en la dulzura de sus aguas
la conquista de tus sueños,
que son agua y aceite,
pero siempre unen un eterno sentimiento
donde somos sueños separados,
entre el bien y el mal,
pero ilusiones que tienen por dueño un mismo amor.

Aquí, entre sueños, ilusiones y fantasías
sobrevive el verdadero amor.
Y aunque dudes, tú y yo
somos una eterna fantasía
donde sobrevive una ilusión.

La visión, el aura que ve mi corazón

Son cien versos de pasión,
miles de emociones y fragmentos.
Si soy yo en la posesión,
no soy yo en el misterio,
pero sí en la emoción.
Mis versos son mi canto,
poema y mucho amor,
que entre odio y corazón
suceden los encuentros,
de llanto y risa
de acuerdo a la emoción.

Mis pasos son crear tu propio mundo.
Un universo donde gobierna la pasión,
el enigma sin solución
que decide tu destino.
Más allá veo tu iris
y la mirada de tu corazón.
Allí hay valles, prados y paisajes de ilusión.
Los conozco, y los miro cada día,
más que tu espejo
y los pasos de tu sombra,
que a mí no me asombra,
ya que mi intuición conoce
y sabrá por siempre tu eterno destino.

El silencio oculto

No existe solución, pero sí explicación.
Ámbitos y enigmas, donde solo sobrevive el corazón.
La mente sostiene poder, pero en el alma vive el nacer,
un principio y un fin, que nunca en este mundo
se sabrá su conocer, y sin embargo,
más allá de la luna, el sol y cada estrella,
sabremos el verdadero poseer
que sostienen los verdaderos pasos de todo misterio,
que tu ser en principio conoció, y en el fin,
nadie, ni tú ni yo conoció
hasta llegar a la tumba de lo mortal,
que un ser sobrenatural escribió.
Un Dios eterno que miró más allá del silencio
de su propia creación.

Los abismos y los paraísos de un loco

En mi eterna locura,
la soledad de mi paranoia,
estoy rodeado de un buen trago,
un cigarrillo, una buena pista musical,
y seres sobrenaturales
que pueden ser reales o parte de mi imaginación.
Solo sé que entre ellos soy
y seré por siempre un idiota un tanto especial.

El instinto, astucia y sabiduría en los pasos de tudestino

No era tan astuto como parecía.
Vi una moneda en el suelo y no la recogí,
pero, en realidad, fui tan honesto y sincero
con mi propio corazón,
la eterna sabiduría decidió
que quien recogiera esa moneda
la necesitaba en ese instante más que yo.
Y mañana, si veo aquella moneda y he de necesitarla,
el destino y mi corazón
pondrá la astucia en mi ser para yo así recogerla.

Moraleja: cada quien en esta vida
vive malos y buenos momentos,
y hay que ser honesto y sincero en nuestro vivir.

Lo oculto del camino

No somos malos, solo sinceros,
una mente distinta donde el poder de la imaginación
es nuestra triste y eterna realidad.
Un real comienzo donde no existe un fin ni un principio,
y solo sobrevive la paranoia
donde existe cierta videncia,
que ve más allá de lo profundo de tu corazón.

El «quizás» por siempre será el objetivo,
y será por siempre un porcentaje oculto
del suceder del destino
donde permanece viva la esperanza de cada ser.

Los cofres de los sentimientos

Bastante era un solo instante
para saber que te amo,
y día a día con un poema de amor
conquistarte.
No se vive de amor en esta realidad,
pero el inconsciente nos permite llegar más allá
de lo permitido,
allí, donde los sentimientos ajenos a este mundo
cobrarán vida en algún sitio,
un paraíso donde gobierna la conquista
que ha comenzado en este suelo llamado tierra.

Enigmas al soplo de los vientos

Somos solo un rumbo,
asesinos de nuestra conciencia
y clamor de paz para nuestra inconsciencia
en los rumbos del destino.
Somos paz y agonía
entre el camino
y la desobediencia a nuestro propio sentir.

Escritos y pensar de un loco

Muchas veces pienso que somos unas pequeñas marionetas
donde no tenemos la culpa de haber nacido.
Pero la vida es así y hay que aceptar toda prueba con fortaleza.
No somos dueños de misterios ni de enigmas,
pero a cada segundo que se me va la vida,
pienso en encontrar alguna explicación a todo esto:
el dolor, el sufrir, la alegría y la felicidad.
Sé muchas veces que no llegaré a ningún lado con el pensamiento,
pero en cierta manera sí lo hago,
ya que tal vez mucho de lo escrito pueda sostener cierta explicación,
aunque esté oculto en algún lugar o sitio,
y nuestro Dios en algún instante nos aclare todo nuestro vivir y sentir.

El avance de toda naturaleza

Solo quedan rastros de tu memoria,
de tus recuerdos y los elogios mortales.
No importa la proeza ni el sentir humano;
en un sí y un no, se encuentra el prado
que conecta la inconsciencia con el alma
del bien y el mal pasar, del bien y del mal sentir.

Emoción y canto doblan sus cabezas,
mendigando en llanto la muerte
del clavel y la rosa, ahogados aún
bebiendo el agua de la vertiente
de su renacer. Mientras tú y yo nos lamentábamos
por esa sed de discordia en las flores,
seguíamos cantando por la paz y la serenidad
del cuerpo humano, que con agua
dominaba su sed en el egoísmo
de la inconsciencia de conocer
la verdad del verde y los colores de la naturaleza.

Las flores son el árbol que alimenta tu crecer,
y mientras hay flora existe la fauna,
que defiende con mordiscos la rabia
de su muerte y su extinción.

El pesar del humano no es tomado
con convicción ni rareza; no aceptan
que el robot cobrará venganza
del ser que mató toda naturaleza,
y fuimos nosotros mismos.

La rosa perdona, el clavel y la aurora
tienen compasión, el tigre y el león
en su paciencia dan minutos
de salvación a su presa,
y el humano no tiene compasión
en la ignorancia fuera
del conocer de su conciencia,
que mata y destruye nuestra humanidad.

La tierra no cobra, solo pone en ejercicio
el destino del tú y yo consumidos
en la ley del fuego, de la llama eterna
que con su guillotina hace justicia.
Somos dueños de nada y poseídos de todo,
y eso es amor y odio.
En cuanto a la tristeza, la alegría
y el dolor, el destino camina,
avanza y pone fin a nuestra historia,
donde solo quien creó todo esto
sostiene poder y por siempre
será principio y fin.

La historia del joven y el viejo

Ahora vivo y muerto,
acompañado por muchos y pocos.
Sumido en alcohol, idiota para algunos,
sabio en el sentir del pensamiento y tu presente.

Sobrio, soy una marioneta
donde nadie recibe consejo;
ebrio, un eterno abrigo
para quienes lloran y ríen con consejo.

Piedra humilde cuando el semejante anhela consejo,
roca cuando lo descarta y no lo acepta.
Cuando no aconsejo, soy el idiota, el estúpido,
para quien no quiere el alma en pasos soberbios.

No soy rey ni príncipe de templos,
sino un retablo, un matadero, una cárcel
donde viven las vivencias de la humildad,
el pasajero del tren donde ocurren juicios.

Al mañana le temo, por eso aconsejo hoy,
aunque mi llanto visualice el futuro,
un mañana complejo de ayer, presente y futuro.

El joven aconseja al viejo,
pero el viejo lleva la sabiduría por dentro.
Nos amamos, nos odiamos,
y por siempre nos queremos,
todos somos el sabor de la piedra
y la roca del mañana.

A la suerte y el sendero de la muerte

A la suerte de tu amparo,
el destino cobra vida
en los buenos y los malos momentos
de tu vivir.

Y por siempre,
en el coraje y la fortaleza
que mantienes en los pasos
de tu caminar,
será otorgada la victoria
hacia todos tus propósitos e ilusiones.

Obra bien en tu corazón,
y el sendero,
que es el viaje de tu alma,
llegará en paz
al infinito
cuando nos toque
y nos atrape
la ley natural de la muerte.

Golpeando a la vida

El consuelo se amarra y agita en el alma,
entre el quemar de las brasas
y el morir de su corazón en su propio duelo.

Al parecer, la mirada triste,
los ojos rebalsados en la penuria
golpeada por los sucesos de la vida
no lo dejaron en paz.

Aquel hombre llamaba y clamaba a la muerte
queriendo protestar lo que fue su suerte,
en la vida, la existencia y toda su vivencia.

Su corazón sonrió, se alegró y nunca se hundió.
Él fue fuerte en el coraje
y sus rumbos de permanencia en estos sitios,
en sí mismo él, fue quién golpeó a la vida,
su corazón nunca murió, solo sobrevivió,
aquel hombre fue, quién conquistó
los demonios que atacaron su ser y su corazón.

El fuego quemando el alma

Las manchas del corazón son tu propio infierno.
La paz se apresura queriendo gobernar
tu corazón que se mezcla en agua y lodo
en lo natural de la vertiente
donde se bebe el agua de la sed de tu ser.

No somos lo que fuimos,
ni tampoco lo que somos,
solo somos lo que seremos,
y a la hora y el recorrer del reloj
y los pasos del tiempo
podremos algún día sostener
aquel perdón que clama nuestra alma.

El despertar de la proeza llamada «vida»

He mordido mi propia alma,
incendiando como un pirómano
mi propio corazón, una melodía
que se codea con el sentir y el pensamiento.

He sido un loco que ha callado en silencio
su tormenta y tempestad,
una pequeña marioneta
que golpea la vida con astucia y perseverancia.

No le temo al combate con la muerte,
soy mi ayer, mi hoy y mi mañana.
Si no despierto mañana,
seré un conjunto de sueños e ilusiones.

Así soy, los tres tiempos del lenguaje
de la humanidad que anhelan vivir
eternamente cuando despertemos
de este forzoso y complicado sueño llamado vida.

Después de todo esto no sé nada,
solo permanezco en el sentir de mi corazón
y el palpitar de un sueño
que algún día tendrá un despertar en una nueva vida.

Anhelando paz a tu ser

Querían subastar mi alma,
aquellos demonios eran asesinos,
no les importaba la carne.
Ellos sabían que aquello es polvo,
pero, en su malévolo traicionar y posesión
siempre me seguían, me atormentaban y nunca se alejaban.

Era una lucha entre almas sin destino
y espíritus que agobiaban mi propio nacer y crecer.
Todo fue desde niño, de pequeño y chaparrito,
no paran, no me dejan, y solo día a día
enfrento mi vida para obtener cierta cordura
que no sostiene suelo ni piso en su pasar.

Todo se desahoga en estas letras
manchadas de una pluma con sangre
que sostiene el inmenso temor y miedo
a no poder acabar en paz en el término de su paso por este sitio.

El llanto me remece, no hay risa ni felicidad en mi corazón,
«solo estoy aquí», y sé, que solo la fe y la esperanza
en mi eterno Dios me podrá rescatar de todos estos episodios
que me matan día a día en esta tierra
apagando mi felicidad
que hoy solo huele a tristeza y llanto
en lo oculto de mi sentir y soledad.

La rudeza del ser

La verdadera rudeza de todos nosotros, los seres naturales,
se concentra en la honestidad y la claridad
en la bondad de decir o sugerir cierta solución
a tus propios problemas o a los conflictos de vuestros semejantes.

Quien crea que la rudeza es ser violento y prepotente,
cae en su propio juego de baja autoestima,
y en base a eso quiere sentirse grande.

Compañía en la tormenta

Ya perdí la cuenta de quienes no regresan la mano
cuando te atrapa la tormenta,
aquello no sostiene valor alguno,
solo la decepción de aquel instante.

Pero quienes te han sido compañía en tus tormentas,
valen más que millones de dólares,
ese sentir por siempre quedará guardado en el corazón
como un alma que vale más que el oro puro.

El sitio de los locos

El anhelo y la esperanza de un loco es escapar,
pero el problema es, si te acostumbrarás a ser un ser normal.
En el escapar ya no hay vuelta, y en acostumbrarse
puede que tu corazón se mate a sí mismo
viendo la hipocresía de esta maldita sociedad normal.

Una política sucia, cuerdos que matan,
hipócritas que se esconden detrás de sus máscaras,
ideologías que envenenan y adoctrinan,
y mucho más que sostiene un juicio al igual que los «locos».
Más me vale no intentar escapar
y seguir esta carrera con dignidad
afrontando su destino y su propia muerte
en los miedos siniestros donde sobrevive
fuego y brasas de irrealidad
que te queman día a día en tu existir.

La sorpresa de tu existir

Las sorpresas más grandes en el recorrido de tu vida
solo podrán ser, «que quien te ame te odie,
y quien te odie te ame».
Eso es lo más sorpresivo que puede vivir
un ser humano en este existir.

Esperanza en otra vida

Ríes hoy en los nacimientos,
lloras mañana en la «muerte»,
las despedidas que recuerdan tu nacer y tu partir.

Y, inevitablemente, todos pasaremos por aquello,
no es bello, pero allí nunca nadie ha quitado
la esperanza y eterna fe de una nueva vida.
Fuera de odio, maldad, y solo paz, amor y felicidad.

Los cuentos, las leyendas, las fábulas y tu pensar
son la eterna propiedad
de que la esperanza y la fe tienen vida,
amor, y memoria, cantos de aliento y templanza,
otra vida que nos alcanza
más allá de nuestro último palpitar.

La esquina de tu destino

Solamente intenta realizar las cosas bien,
con esfuerzo, garra y coraje,
que en aquello sobrevive una vibra de energía
que habita en cada corazón.

No te preocupes de la apariencia,
en ello está la debilidad de tu interior
y el engaño a ti mismo y a la gente
que se persuade fácilmente en su inocencia.

Sé por siempre tú mismo,
«y recuerda», que la honestidad y sinceridad de tu ser
encontrará el cumplir de tus metas allí,
en la esquina donde será el encuentro
con tus sueños e ilusiones
de acuerdo a los pasos de tu destino.

Dios, «el Creador», un eterno amor

La botella se vació y tu copa rebalsó.
Recuerdos, momentos, sacrificio, pensamiento y memoria.
Corazón, sentir y morir, pasos del hoy,
instantes del pensar en los baúles del sentir y su mañana,
caricia, abrazo y despertar abunda en la conciencia.
Un golpe como martillo despierta las vivencias del ayer,
y los anhelos que cabalgan un caballo lleno de sueños e ilusiones
en los rincones, las esquinas un tanto mezquinas.

Paraísos e infiernos han sido promesas,
y de esas todas mortifican tu cabeza,
y el sol, la luna y cada estrella no la toman tan bella,
siendo que ellas aparecen, remecen y enternecen tu sentir
cuando tú sientes morir.

Y te digo, contigo, con todos y conmigo,
un eterno Dios nos acompaña para siempre,
espermio y vientre,
hemos sido desde siempre, creados en un eterno amor
donde Jesucristo es nuestra eterna salvación y única explicación.

La ausencia y lealtad a tu ser

El mayor valor y defensa
de un verdadero amigo o sangre hacia tu persona es,
cuando ocurre cierta protección y tú no estás presente
ni sostienes poder alguno para poder defenderte
en lo que ha dicho tu persona y tu corazón,
y ellos avalan en sí tus verdaderos sentimientos.

La mayor traición de un amigo o la sangre es,
la mediocridad de cada ser,
cuando uno de vosotros como semejantes no estamos presentes
y nos despedazan fuera de nuestra presencia
sin tener defensa de lo que ha dicho
o ocurre en vuestro corazón y vuestra mente.

Tocando el cielo de los sueños

No me mires con cierto odio hoy,
la desventura es mi propio ser,
y tu odio se convertirá en cariño en algún instante,
así como mi desventura será nuestra aventura,
de subir y bajar en la ruta del pensamiento,
vivir y morir en los golpes de la ilusión y la fantasía,
y así, mañana despertar de este plácido sueño
que nos envolvió entre alegría y sufrimiento,
aquello llamado vida.

La rareza de unos pocos

Dale un gran valor y ama
a quienes no criticaron tu silencio,
tu genio raro y aquella locura
donde no hay bulla ni apariencia,
donde no gobierna ciencia,
«solo el sentir de un corazón herido,
que con garra y fortaleza
ha cambiado su propio destino».

Infiernos de un loco

En estas cenizas cabalga la memoria
de un corazón noble alejado del odio,
brindis y tragos, un alcohol maldito
que traicionó mi cuerpo y mi sentir.

Un vaivén de nostalgia y melancolía,
caminos de tristeza, sonrisa, felicidad,
y la maldita persecución de una mente
que sobrevive infiernos ocultos de soledad
que me acompañarán hasta el día de mi muerte.

La maratón de la vida

Me quedo con mi canción
que nace del corazón.
Donde el rico come caviar,
pero es infierno su corazón,
mientras el pobre alimenta su corazón,
de trabajo, amor y pasión.

Operaciones matemáticas del sentir

Suma a quienes valoran tu corazón
y tu compañía con cariño y querer
sin un recibo a cambio.

Resta a quienes se alejan
en los momentos críticos de tu vivir,
cuando tu alma clamaba con urgencia a gritos
un hombro para que recogiera las lágrimas de tristeza
que como gotas se deslizaban y caían por tu mentón.

Multiplica tu conocimiento en todo ámbito,
escudriñando todo, reteniendo lo bueno
y desechando lo malo como dice la palabra de Dios.

Y por último, divide el llanto derramado en tu vida
versus cada momento de felicidad de tu existir,
que allí está el balancín de toda emoción y sentimiento
que te ha de hacer crecer y madurar
en los pasos gigantes que te han sido concedidos
en los senderos de tu vivir.

Letras y poesía del corazón

No recuerdo si he fumado más cigarrillos
que haber escrito cientos de palabras con el corazón.
Solo sé que en mi vida no he besado tantos labios
como los que hay en un estadio,
y en sí, tal vez algunos de esos labios de ese estadio
me han querido besar, ¡No lo sé, y nunca lo sabré!

Por lo pronto, he amado, querido y anhelado
cruzar en paciencia los puentes de la vida
sin caer en la turbulencia de los ríos del saber,
que llevan, que traen, y muestran las cartas de un futuro
de los pasos que no quiero conocer.
Solo cuando cruce los puentes,
añoro invernar hasta que pasen las tormentas,
y de acuerdo a todo viento que se rige
por las probabilidades del poder del destino,
seguir mi camino y seguir andando.

Nos cuesta tanto sentir como decidir,
y aquella espada, arma y protección,
nos mostrará que sin Dios en este mundo no somos nada.

«Solo camina, trota y corre
de acuerdo a los pasos de tus sentimientos,
ya que, todo mirar y apreciar en vida
el sol por tu ventana
es un distinto amanecer,
un sol y un nuevo pálpito
distinto para el sentir y los sueños
que anhela tu corazón».

Nuestro 1 de mayo, «dinero limpio y con amor»

El carpintero le construyó la casa al taxista,
el profesor le enseñó matemáticas al carpintero,
el taxista traslada al profesor al colegio,
siempre existe un médico que atenderá las dolencias de tus hijos,
un abogado en los juicios que en Semana Santa
se alimenta del marisco y pescado del sacrificio del pescador.

El minero, electricista, operador, mecánico, etc.
Y todo el oficio de faena que recorre ciudades
en busca de un sustento para así cumplir sus sueños e ilusiones,
que los traslada de ciudad en ciudad el chofer de buses
que sostiene pocas horas de sueño,
y al cual, la camarera tiende su cama en sus paradas,
mientras la cocinera prepara un buen alimento
que lo cultiva el agricultor con amor.

Asesora del hogar fue mi madre,
me entregó con poquito inmensos valores,
el recolector de basura, que en su camión y con sacrificio
recoge nuestros desechos,
y así, todo oficio hoy se conmemora,
«dinero limpio», momentos felices, instantes tristes,
amistad y enemistad en los sitios de trabajo,
pero toda ocupación sosteniendo un propio y eterno fin
que es, el «amor, sueños e ilusiones».

Soles y nubes del existir

Con el corazón se ríe y se llora,
se forma toda ilusión, sueño y fantasía.
Con el cuerpo solo ocurre la vanidad
que ataca tu propia mente cada día.

La compañía del viento

Un fracaso es lección y enseñanza de vida.
Miles de espectadores mostrarán sus murmullos
y su canto sarcástico y demente en aquello,
«pero recuerda», cuando de acuerdo a tu perseverancia
y tu coraje, que recorren junto a ti con los vientos del destino,
aquellos espectadores se habrán de atragantar
en su propio silencio no queriendo confesar tus triunfos y victorias.

La clase humana celebrará siempre tus errores,
pero jamás le dará valor a tus victorias.

Soplos de vida

Lo correcto no es tu opinión ni la mía.
La verdad y la razón aquí en nuestra estadía
sobrevive en otros sitios a donde en algún momento
tendremos que llegar y habrá alguna explicación.
Corre con calma y paciencia,
y más que nada y así tal cual,
por siempre intenta obrar para bien.

El poder y el verdadero sentimiento

Sostienes el poder de parar el tiempo
y el segundero del reloj si tu alma y tu corazón lo permiten.
Todo se detiene cuando tu corazón
y el sentir de los recuerdos que marcan tu memoria
y tu corazón han de poner tu eterna historia de amor
en los baúles y los veleros de tus propios mares
que quedan como un hueso santo en tu vivir,
y navegarán por siempre en tu mar
y cada viento de los viajes de un eterno amor.

Alcanzando enigmas

Los tiempos van y vuelven,
la prosperidad, el ensueño,
la desdicha, la felicidad y la alegría
son un vaivén que se aleja y se acerca
en lo intenso e inmensamente inesperado
de lo que es la vida.

Todo es un momento, un instante, un vivir,
y todo sueño en la inconsciencia del descanso
y el cansancio de dormir en tu habitación
por siempre sostendrá un significado para bien o para mal.

Lo oculto hecho realidad
en los enigmas inalcanzables del ser humano
que nunca sabrá el cumplimiento
y cómo se han de hacer realidad
los objetivos de aquellos misterios en esta vida
que sostienen una razón y una respuesta
allí en algún sitio.

El seguir y sentir del pensamiento

Que la cercanía no apague el valor del pensamiento
de un ser de vuestras tierras, de nuestra región y ciudad,
«nuestro amado pueblo».

«Aquí hay certeza y equivocación
como lo natural de cada ser humano»,
pero puertas que no sostienen valor para algunos,
sí valen, y no serán pagadas con diamante,
y para siempre con esta filosofía
llegará una palabra de aliento
o consentirá algún corazón o almas en sus abismos.

Solo Dios da el fruto
para convertirlo en alimento
en ciertas situaciones del vivir.

La cuna de oro, solo apariencia de la humildad

La cuna de oro, los políticos millonarios
que han de aparentar humildad,
los que nunca se han acercado a la hambruna
venden cuentos.

Los mendigos, los vagabundos,
los faeneros de sacrificio,
todo ser que ha remojado y saboreado con amor
el pan remojado en el sartén con aceite en su infancia,
y todo ser buscavida vive los cuentos,
y son o han sido su propia realidad en algún momento.

Los ruidos de los mediocres

El ser humano por siempre
busca menospreciar la humildad
para sacar su ego a flote.

La leyenda de un loco

Sin saber, sin conocer, sin vivir y no morir
hemos sido engendrados.
Y aquí, y allí, en un pequeño pálpito
hemos de saber, conocer, vivir y morir.

Y nada más importante que sentir, amar,
querer y nunca querer morir.
Un castigo eterno nos tocó,
de inocente a pecador,
y así fue creada nuestra fábula, historia, leyenda
o una intensa realidad
que por pago se dice que habitaremos
en un cielo o un infierno.

Quién lo merece se estremece,
sea tu sitio infierno o cielo,
y aunque exista fuego, calor, hielo y agua,
por siempre seremos un eterno sentimiento.

Un mal y un bien que nunca lograremos conocer.
De aquí y allá se esconden tus deseos,
tu pensar y tu actuar,
y por aquello existe la promesa
de un juicio, infierno o paraíso.

La facultad de tu ser

La perseverancia sostiene como enemigo el fracaso,
en aquel ring del juego no existe un árbitro
que ponga la tarjeta roja ni la amarilla,
solo permanece el poder y aquel fuego
que habita en tu alma y tu corazón,
luchando cada día con tu propio yo
en tu maravilloso e inmenso recorrido
de tu vivir lleno de obstáculos en los pasos de tu camino.

Aquello se vence solamente con la convicción
del saber que en ti existe el poder
del cumplimiento de toda meta,
sueño e ilusión en tu existir.

El milagro de nuestras vidas

Ámala, no son dos, siempre será una sola,
y no existe un valor que pague su eterno amor.
Tú eres su diamante, un tesoro que en su alma
brilla como el oro, tus ojos son la luz de su corazón
que canta melodías de amor en lo nublado de sus días,
tus manos son el espejo de la pureza de su vientre,
un amor infinito, que ni siquiera un padre lo entiende.
Somos su paisaje, su sol, su luna,
su estrella y su todo,
la caricia infinita que no marchita,
donde lo verdoso y las flores de sus bosques
somos solamente tú y yo.

Comenzando un infinito amor

No sé si fueron tus pupilas, tus cejas,
el guiño de tus ojos,
o en sí el conjunto de tu mirada
que me dijeron «te quiero».

Tal vez fue una ilusión
lo que acarició y enrojeció tu mirada
en aquel martes,
donde los sueños arden
y comienzan un pololeo
en un mes de julio del año 2008.

Al día de hoy nos amamos y nos odiamos
en un infinito amor
que vivirá y permanecerá
en lo infinito y más allá de la eternidad.

El acento del tiempo

Existían probabilidades,
y aquello mantenía con vida tu ilusión,
cada sueño que descansa en una habitación sombría
donde no existe la luz, sino el despertar de un nuevo amanecer.

Donde los comienzos de toda etapa de tu vivir
son el tiempo, la luz,
y el brillante amor que recorre con sus hermosos pétalos
de corazones, cambiando los giros del trompo de tu destino.

El valor del alma y el corazón

Me preguntaron una vez sarcásticamente
y con cierta violencia si yo me creía filósofo y poeta.
—Respondí: amigo, yo solo escribo con el alma,
y mi pluma plasma cada día lo que siente mi corazón.

La intuición del silencio

«No temas», y si has de temerle a alguien
témele a ti mismo.
Las cuevas, los laberintos y los enigmas
que tú has de encontrar solución o perdición
son solo tuyos,
el gobernar y entender tu propio ser
por siempre será un entendimiento
donde no tienen cabida la idiotez de los que te rodean.

Por siempre todo ser necesita comprenderse a sí mismo,
lo externo y lo cotidiano es, sencillamente, obvio.
Es fácil descubrir la hipocresía
y el sentimiento maligno de aquellos semejantes
que pelan sus dientes ante ti cada día.
Ellos piensan sostener astucia,
pero sus facciones delatan su propia alma y su corazón
creyendo engañar a los semejantes
que sostienen cierto poder en mirar más allá,
allí donde habitan las auras
y el sentir de cada semejante.

Quien guarde silencio en su intuición
y poder de saber algo más allá de toda aura
no significa que sea un parlanchín,
el silencio es una fuerza y un poder tan intenso
que ve más allá de tu propio mundo.

Anestesia y amor en la memoria

Cada cual, y creo que todo ser humano
le encantaría poner una dosis de anestesia en el pensar
y en los mejores momentos de su memoria.

El primer beso de la infancia,
el grito y el primer llanto de tu creación en aquel hospital,
la mejor escena de la telenovela que abrió tus sentidos,
la charla llena de secretos con tu mejor amigo,
la primera canción de amor que inundó tu corazón
en un viaje eterno con melodías de sentimientos invaluables,
el campo que con lluvia y calor dependiendo la estación
te conmovía con su naturaleza,
las fogatas playeras de verano observando la luna y las estrellas
entre risas sin prisas, lo plácido de tu primera copa de alcohol,
mientras tu cigarrillo se consumía en la nostalgia
de los recuerdos que irán camino y en rumbo algún día
en un viaje a la eternidad.

Todo era sano, cantinas y bares sin maldad,
eran tiempos donde se recogía la moneda del suelo,
que se le había caído al abuelo del bolsillo
y la devolvíamos con un amor infinito.

Todo era lo que nuestra propia humanidad
enterró en el cajón de la melancolía
y, tal vez algún día volverá.

El llanto del alma y el corazón de un loco

Ciertas veces anhelo sonrisas
que pongan una cuota de humor a mi nostalgia y melancolía
que nace, vive y muere en otros sitios del pensamiento,
tan escondidos donde solo existe abundancia de soledad.

No es mi existencia la que está rebalsada de soledad,
es solo mi esencia,
que por más que intente sonreír sostiene dolores e infiernos
tan adentro del alma y del corazón,
donde nunca nadie podrá llegar
y nunca sabrá, ni tendrá entendimiento
en lo que yo en mi existir tampoco encuentro explicación.

Andanzas en los abismos

Domina tus miedos,
y a la vez intenta que los temores
no escapen al cien por ciento de tu vivir,
esa es la táctica que debe sostener un loco
para no cometer ciertas locuras en su existencia.

El dominio y el balance de tu paranoia
y toda desesperación
es la única receta en la psicosis
y la lucha con lo sobrenatural
en la ruta y el camino
de los abismos de los locos.

Milagros y magia en tu vivir

La magia dura solo un momento,
produce una momentánea satisfacción
y gozo permanente que dura cierto instante,
mientras los milagros son los que te recogen
y te sacan de los abismos,
aquellos durarán en tu sentir y pensamiento
por siempre y para toda tu existencia.
Ambos sostienen un valor incomparable
en la ruta de tu vivir.

La vida de la suerte y la bohemia

Podré sudar, podré llorar
y combatir con los demonios de la suerte y del azar,
y encontrar mi propia muerte.
Soy sincero, y mi alma y mi corazón
mueren por entero en los infiernos de mi mente.
No hay plagio en mi vida ni ilusión
y soberbia que me domine.

Solo soy yo entre tantos tú y yo,
y cuando me llegue la muerte
daré cuentas por lo que fue mi propia suerte.
Mis esquinas fueron mezquinas,
encuentros en los pozos de gozos,
del amar y querer en las fantasías y sueños
de los pasos del reloj
donde nunca existirá el perdón.

La palabra y el sentir de un loco

Y dime ahora,
¿tu alma y tu corazón claman libertad o prisión?
Distingue la pasión del fuego de la libertad y tu propia prisión.
El sentir te otorga libertad y prisión,
los momentos y tus vivencias son libres
en los espacios de tu corazón,
pero una cárcel en los baúles de tu alma.

Pon en ejercicio el sentimiento y la emoción.
¿Qué importa más en aquello?
Solo te digo ahora,
que todo instante en tu vivir será libre
en el silencio que canta melodías
que se abrirán por siempre
con quienes amarás por siempre en tu existencia.

La libertad como estatus social y cotidiano humanamente nunca existirá,
aquello está escrito,
pero mientras tu corazón sea libre en tu mente y tu alma,
por siempre renacerá tu ser cada día en los amaneceres
cantando tu propia canción de amor, de alegría,
felicidad, desdichas, tristezas,
y aquello que siempre serán tus buenos y malos momentos
que te sostienen de acuerdo a tu sentir
en un viaje eterno hacia la eternidad.

La imagen y el espejo de nuestro ser

El tránsito de toda ideología sostiene un fin,
y aunque nuestro prototipo de ideas como humano
quiera sostener y gobernar lo que sobrevive en lo infinito,
la carne por siempre será vulnerable
ante toda emoción y sentimiento que habita
en el alma y el corazón,
ya que aquello es separado de la carne
y sostiene un sentir que va en dirección
a lo que puede en cierto modo ser sobrenatural.

El regreso hacia tu antes

No voltees atrás para solucionar lo que fue
y ocurrió en los pasos de tu vida,
solo voltea atrás para recordar,
todo aquello son experiencias de existencia
que sostienen un fruto de acuerdo al suceder y actuar
en nuestra vida y en nuestro tiempo,
«aciertos y errores».

En la solución y el recuerdo se definen grandes diferencias.
La solución no estuvo al alcance de tus manos,
o el destino o tu propio ser como individuo
dejó escapar o sintió que aquellos sucesos no eran para bien,
«reacción humana todo fue», evita y saca ese peso de tu corazón,
y el «recuerdo», aunque conserve cierto martirio en tu corazón,
llévalo como experiencia a tu vida, ya que,
de aquellos errores se complementa y crece día a día todo ser humano.

No cargues nunca tu mente en el anhelo
de que podrás ejecutar y poder resolver el pasado,
pero, ten presente, que el recordar,
aunque sea un cielo o un infierno,
por siempre en el éxtasis de cada emoción,
entre lágrimas y risas,
infinitamente causará una reacción a tu ser,
ya sea de satisfacción u opresión,
y mantén por siempre en cuenta,
que toda emoción liberada sea cual sea,
produce un alivio a tu ser, y eso se llama
«recuerdo».

Aguantando la existencia

Las tormentas, las tempestades
y los infiernos en la vida no duran tanto tiempo.
En la tardanza se acerca poco a poco la verdadera paz,
fuera del dolor y el sufrir que quema tus venas
como fuego en la hoguera.

Y si bien es cierto, toda sonrisa y alegría
que proviene de la inocencia contenta un poco tu vivir,
pero, cuando vuestra alma y nuestro corazón están en agonía,
aquello es solo un calmante
que sazona un poco la desdicha
en aquellos sujetos que nunca quisimos haber nacido.

La muerte sostiene un aroma a paz, a cierta calma,
que aunque sostenga dolor y agonía,
será por siempre un fin revuelto en los enigmas
que han y podrían ser un comienzo
donde no habitará la maldad y la hipocresía
que sostiene el ser humano.

Es difícil vivir en los sitios
donde debes guardar silencio
y se tiene el don de ver muy dentro,
muy detrás de las pupilas.

Bendito amanecer

El amanecer es un obsequio,
una inmensa bendición de nuestro eterno Dios.
Y aunque la mente, tu corazón y tu alma
no deseen sobrevivir en ocasiones,
el bendito despertar y amanecer
es un gran motivo que nos levanta cada día
y nos motiva en dirección
a cumplir ciertos sueños e ilusiones
que muchas veces nosotros mismos
mantenemos estancados
en la lucha diaria de todo ser natural
con nuestras propias mentes.

Sacrificio, poesía y letras

En la vida, y de verdad, sí se gana y se pierde.
Somos dueños del triunfo y de la derrota,
que irán plasmados así, tan quietos y furiosos
como fueron en nuestras emociones
y sentimientos amarrados a nuestro nacer.

La derrota es el clavar de una espina,
la victoria cosquillas en las costillas,
del amar, sonreír y llorar
en momentos de pasión, frustración y
una eterna satisfacción de luchar por lo vivido,
que desde tu nido nada es ni será gratis.

Todo es, como lo vivieron
Neruda, Bukowski, Cabral y Kafka,
y cientos de hombres que tuvieron hambre, cansancio y frío
y algunos más que no fueron conocidos,
pero al final, en la humildad de su ser,
sus palabras se llegaron a conocer,
y aquí y allá te acompañarán en amor
cuando tu ser sienta padecer.

El pensamiento y la nobleza de un cigarrillo

Mi cigarrillo es mi propio incienso,
en mi melancolía y mi nostalgia
aleja a quienes no valoran mi aliento
y el amor que se entregó desde lo inmenso y cierto comienzo,
y más aquí,
cuando vuela el humo de mis cigarrillos,
soy chimenea buscando el norte
a mi destino, atraigo y amo a quienes
fueron mi cariño y mi querer,
en mi desdicha y en todo momento
que causó mi descontento.

No soy tan perfecto como la dirección del viento,
ni el ocaso que me mata día a día en mi rechazo,
de no aceptar la vejez de nuestros pasos.
Me siento joven aunque con arrugas me desmorone,
ya que, así tal cual, por siempre
mi corazón y mi alma serán eternamente jóvenes.

Los verdaderos tesoros no son perfectamente el oro,
aquellos son «los te quiero» y un «te adoro»,
al despertar, al dormir,
y antes que lleguemos a morir.

Silenciando las tormentas

El ser capaz de entenderte a ti mismo,
solventar y apaciguar los tormentos
que intentan absorber tu alma,
solo pueden ser dominados
en la intimidad de la soledad
y lo gris y a la vez oscuro del anochecer.

El vuelo y su soñar

No son versos, son fragmentos
que plasma el corazón.
Emociones con su llanto, alegría y cierto encanto,
de las vivencias que codo a codo
en la vida nos otorgan las ausencias,
de padre, madre y hermanos
con quienes caminamos algún día de la mano,
y hoy, somos hijos de los sueños,
los desvelos y huellas firmes talladas
en los corazones cercanos y ajenos,
movimientos de mil «te quiero»,
un solitario «te amo», y miles de sentimientos
amigos del amor, que brotaron sin permiso
antes de la maravillosa creación.
No son cuentos, el vino me pone contento,
me amarra a la copa y es mi propio convento,
sin sacerdotes que me azoten ni sacristanes que se oponen
al vivir en un sentir de amaneceres tan brillantes
que no puedo describir.
Espejos y sombras son los enigmas,
misterios sin frenos y un camino sin vuelo,
del mendigo andante y el callejero
en su esmero de cumplir su sueño por entero,
y aquí, mi padre, un ermitaño pensante,
voló por los cielos e ilusiones causantes
de un castillo arrasante,
y mi amada madre, en su sendero,
caminar y luchar,
me enseñó el verdadero significado de amar.

Ya mis hijos crecieron,
son las facciones y la enseñanza de un amor y un «te quiero»,
con mi morena hermosa que ahora es mi esposa.
No es un cuento y no te miento,
gracias a mi Dios, por siempre vivirá un eterno sentimiento.

El café, cigarrillo y sus misterios

Entre cigarrillo y café existe la eterna fe,
de un camino y un mundo distinto,
en la esperanza que no tranza
los recuerdos de nuestras andanzas,
que son misterios que tú y yo los vivimos
eternamente en serio.

Caminos y rutas hacia la mente

La emoción, aunque sea cierto gozo
y nazca del sentir, del pesar y no pesar,
en lo negativo o positivo,
y a la vez cause un cierto reposo
en el trance de tu interior,
no es quién para decidir
y poner en ejercicio
lo que realmente siente tu corazón,
decide tu alma,
y a la vez carcome
en un buen o un mal fin
los caminos de tu mente.

El morder y silencio de tu dolor

Que la muerte no te espere sin antes que tú te enteres.
Ya mañana, se estará mejor que con amor pasa el temblor,
de la mente, del cuerpo, el corazón y todo esto,
y mientras, lo has vivido, tu alma y ser no lo ha permitido.

La bulla es tan grande
y así tu piel de dolor arde,
en los silencios del clamor que se apaciguan con amor,
¡de los tuyos, solo los tuyos! compañía en tus orgullos,
ya mañana, al amanecer, la dolencia fatigará en su crecer.

El espejo de nuestras almas

En la compostura existe el bien y el mal.
Mañana no sabrás si fuiste bueno,
o más bien, un ser malo, que solo lo vio un ser ajeno.

Quién te conoció, vio quién,
fue un tú así reflejado en su propio yo,
y quién no te conoció, solo realmente
capturó su propia impresión,
de quién en su invención, fue su propio mediocre,
dejándose llevar por su yo
que caminó dejándose convencer por su intensa emoción.

Fueron dos los que cantaron,
y solo uno entró en el real amparo,
el otro, ni siquiera, y cuándo de verdad se miró al espejo,
fue así que quedó perplejo,
de no saber lo que fue su ayer,
que en su presente y su posible y cierto futuro,
recién se pudo en realidad conocer.

Cabalgando sueños

Mereces un poco más que tus sueños, de lo contrario, la vida sería un absurdo recorrido en este camino.

Balancea tu ayer, enamórate de tu hoy, y verás, que mañana, los tropiezos han de ser comienzos ocultos. La muerte te flagela, pero, la vida en sí esmera, pasos largos y cortos en sacrificio, ameritan sí o sí, conquistar el recorrido del tiempo.

El poder de mi escudo, «mi Dios»

Ya, llegando y acercándose poco a poco
a los 18 años de esta maldita, tenebrosa
y horrible patología mental, puedo decir,
con una tremenda, humilde y gran base en su convicción,
que solo nuestro eterno y amado Dios
saca a flote las almas y los corazones
que disputan su propia vida en los juegos
y las pestes que agobian tu mente y tu ser día y noche.

La lucha sigue, pero, por siempre mi amado Dios
será el escudo y la protección
que nos acompañará día a día en su fuego eterno y su poder,
que nos protegerá desde aquí,
«nuestro hoy y hasta la eternidad».

Calabozos y destino

A tu yo, que por montón hace lo que le place,
moribundo terminará la canción,
seremos huésped en el hotel
y con astucia habrá que comer, día y noche,
alguna vez pasé en un cuartel,
un calabozo que sin reposo
provocó en mi alma destrozo.

Lo canto hoy, en la anécdota
que muchas veces destroza,
en pasos y rugir, y de tanto morir
que un día mi mamita lo quiso advertir.
Mi padre se esfumó
cuando mi corazón comenzó a latir
en la pasión de un colchón,
no sé si fue por amor o ilusión
de los paraísos del sexo,
donde existe y muchas veces no existe
el verdadero amor.

La rima de la existencia

Alejado te has sentado en las risas como esclavo,
del tallar y nunca hallar, la promesa en su pesar.
No desesperes aunque esmeres,
la vida esconde los comienzos,
un secreto y magia un poco denso,
que a la par de tu final
un ataúd te ha de esperar,
y los puentes en su cruzar,
sí que mienten y no lo entiendes,
la misma vida nos advierte,
en el cojín, descanso y fin,
del comienzo y su final,
y solo querer descansar.

Caminos en tiempos de locura

No somos tantos, pero somos canto,
en la emoción que sin perdón mató las flores
y la luz de su corazón.

Maldita droga, esquina mezquina
que tus paraísos asesina,
y tus montes, tus bosques se esconden,
en los precipicios y los vicios
muerte de vida de tu quicio, despertares,
sueños intensos que no se calman con inciensos,
un morir y amar, de no remar
y queriendo remar y volver a estar,
en los signos y cinco sentidos
que la maldita droga han abatido.

Te lo digo en la conciencia,
un refugio que mató la inconsciencia,
que los porros y los marcianos,
en un momento me pusieron tan desquiciado,
en mi mente y sentir,
y ahora inocente clama mi mente,
cómo te trata un mundo indecente,
que no sabe de la mente,
y comúnmente,
juzga sin saber los caminos del mezquino,
que con droga y su vino,
quiso cambiar su destino.

La perdición del mundo

Me apesta todo lo igualitario,
que intenta inculcar un régimen
escudándose en que todo es un ciclo normal y establecido
en esta maldita y perversa sociedad.

Siguen a ídolos que les predican una degeneración a su cuerpo,
en la música, en la propaganda,
en toda materia que va sin dirección y a la destrucción,
algo que no es real y destruye nuestro gen humano.

Lo cierto y lo que vale de verdad,
fue inculcado por nuestros abuelos, «los sabios»,
y sin embargo, en esta generación no se dan cuenta
de lo importante que es el corazón, el alma,
y los miles de años vividos de sacrificio de nuestros antepasados.

Las grietas hacia los abismos ya se han abierto,
está todo dicho y escrito, la peste de la sociedad
canta día a día a los coitos, al hacer el amor,
nombrando todo esto en una especie fuera de lo radical,
«una especie de degeneración,
donde los humanos se aparean con animales,
los sacerdotes y pastores consumidos en sus demonios
violan a niños inocentes,

y todo se vuelve a la perdición,
en esta fatal y cruda realidad
que irá día a día desencadenando hechos mayores»,
«que los políticos, muchas iglesias de hoy,
y todo ser natural en su vivir, le llaman normalidad».

¡El mundo se ha olvidado del alma y del corazón!

Despedida y reencuentro de almas

Depredado por la sociedad,
en la mitad de esta carrera se ha de estar.
En campanas hacia la muerte,
probabilidad de milagros y suerte,
caminos antiguos, que con años
nos enseñaron los testigos de la muerte,
que, entre amarte y terminar de verte,
«si te pude amar, y no lo dije a la cara,
porque ayer no supe amarte y valorarte,
y hoy, al verte de frente, tu rostro en el ataúd,
sé que, ni las flores, ni las coronas,
que de tu rostro forman el telón de haberte visto un hoy,
y en los pasos de la vida, cuando tu espejo se apagó,
tu sombra se durmió, recién aprendí a decirte «te amo».

Disculpa mi actuar, mi pesar y mi hacer en la vida,
no me di cuenta de tu ida,
y ahora, y para siempre en tu partida,
sabré lo que es una estrella, un sol, y una luna,
que por más que mal y bien no tenga,
desde allí tú me miras,
y cuando yo parta, sabré, que los segundos de mi vida
nunca fueron en vano, en la promesa eterna de habernos prometido,
un mar y un cielo que algún día se unirá
en un paraíso prometido.

Me creaste, me amaste, y yo fui por siempre tu razón de vivir.
Te amo, mi viejita».

Arrimándose al recorrido de la vida

La luna no descarta la pasión,
esto es un teorema de amor,
que aparece y se esconde en lo profundo,
y no sé a dónde.

Marionetas se suman y se esfuman,
en el placer que el río canta,
corrientes caminando a la mar,
un posible llanto del río y su caminar,
que despoja su ira y su ironía
en la cruda roca que ha de tropezar,
mientras el agua viva y calma
trasciende intentando una paz alcanzar.

Seres vivos, corazón y alma así lo sienten,
rotulando aquel camino,
que con vino hemos de saber,
de esperanza, de amor, y la fe,
que aparte de sentir,
nos hace día a día sentirnos vivos,
¡Quién más, loco y vivo, que tú y yo,
tomando la rienda de la vida sin sus estribos!

La luz del alma en la oscuridad

Que por siempre tu boca se ponga en ejercicio
para el bien del ser humano y toda tu semejanza.
«Recuerda los consejos de tus abuelos»,
estamos aquí con un único y solo fin,
y aquella base y propósito de cierto fin
debe ser condimentada con amor y cariño
para así, en algún momento, darle un nuevo giro a la humanidad
cuando todo vaya en decadencia y tienda a oscurecer.

Capitán y soldados de la vida

El pensamiento escapa a su destreza,
y al alma por siempre le interesa,
y aparentemente en sus siglos,
fue cuando el temor dominó en su rareza,
los púlpitos, los ruidos y estallidos,
de saber de dónde hemos provenido,
y marcaron las proezas que no se han ido.

El capitán sufrió al igual que el hombre
que lleva por nombre,
«el sacrificio y su destino», su propio oficio,
guardado solo en una foto,
de un recuerdo en que solo los hombres,
estando cuerdos, aparecieron con diamantes y su antorcha,
pintando cuadros, poniendo arte con su brocha.

Le llamaban tontos a los que a su tiempo,
enmarcaron los detalles de los juicios,
de las almas malas que salieron fuera de quicio,
y en su hoy y en sus mañanas las pintaban de inocentes,
que, como carne al dente, no engañaron ni compraron corazones,
ya que, los soldados, mansos y solitarios,
recordaron sus daños con el pasar de los años.

La primera, la segunda y la tercera aguantaron,
y en la cuarta guerra de las almas se revelaron,
¡No hay tontos para siempre, el pensamiento,
la mente y la destreza en su actuar,
nunca se podrá traicionar!

La magia y la pureza del amor

«Recuerda, siempre te hablaré un poco de amor».
Los sitios no son elegidos, los momentos no son sustituidos,
los instantes permiten conocerte a ti mismo,
y más, las desilusiones, aunque lleven rencor,
por siempre vendrán, arrancarán e irán en volteretas
hacia tu corazón en un eterno perdón mutuo de todo suceso sucedido.

«Eso es amor», perdonar lo hecho y lo que te han hecho,
y así el amor perdona y reacciona,
mientras el odio posiciona tu ser
marginando tu alma a un precipicio.

Los momentos y el tiempo vivido
sostienen las probabilidades de amar y odiar
por el resto de tu vida,
y sin embargo, si tu ser tiene el poder
de blanquear toda etapa vivida,
significa que allí existe la verdadera pureza
donde se aloja, y por siempre habitará
el poder mágico de la belleza
de la realidad de un amor lleno de pureza.

El puente de la muerte

¿Tienes miedo? ¿Sostienes temor en tu alma?
Sí, demasiado, muchas veces he bordeado la muerte.
Se sostiene más que un dolor, más que un sufrir,
es algo que, aunque todo ser humano lo tenga que padecer,
parece ser un infierno,
aquel fuego que tu corazón,
y aquel momento de tener que desprenderse de la vida
y saber que ya no hay salida en lo crucial,
de los recuerdos, tu propio espejo, y cierta sombra que te araña,
queriendo no dejarte, porque en la luz te acompaña,
y en lo negro de la noche, sabe que no hay quien te acompañe,
solo tu luz, que va y viene en esperanza,
de latidos de amor de quienes van y te acompañan,
pero el dolor, la agonía y el sufrir allí son solo tu camino.

Lo he vivido, «el dolor, el sufrir y cierta agonía»,
pero no sé todavía si se calma aquel sufrir,
vendrá cierto descanso. Lo he vivido tres veces en mi vida.
Allí, en la dolencia, en no querer morir, nadie te acompaña,
la angustia y el temor de dejar esta vida,
te atrapan a tal modo que los recuerdos parecen ser tu último aliento.

Muchas veces parece lo que se ve en las películas,
es similar, pero el dolor no se puede explicar.
No he cruzado el túnel, no me he vuelto fuerte,
solo he visto y sentido lo que es clamar
y pedirle a Dios un poco más de vida, un mañana,
sentir la verdadera paz aquí en vida, un futuro,
y más que nada, no partir en una hora no buena,
sino partir cuando todo mi ciclo en vida
esté totalmente realizado.

Ruidos y truenos de las almas

Sosegar el alma, volver y venir,
ida y vuelta en los viajes y los golpes de los abismos,
representa la verdadera fortaleza del corazón.

Los anexos y las maldiciones
que han golpeado tu alma han sido pegados por algún tiempo,
pero en la capacidad de limpieza de todo tu ser,
por siempre estará involucrada la eterna sinceridad,
honestidad y bondad,
como la verdad acude en la lucha con la mentira de los hipócritas,
que con aquello, se les desarma su propio rompecabezas
de un corazón ficticio,
que se acomoda solamente en la ironía falsa de sus propios corazones.

Sinceridad y lealtad de la vida

El ciclo del ataúd y tu lápida
son una semana de compañía con los desconocidos,
un par de meses con los que han sido agradecidos,
y un por siempre y para siempre
donde has dejado una marca eterna y especial.

Los ciclos de los sepulcros van muriendo día a día
en concordancia a cómo las flores se secan fuera de sus raíces,
pero el alma y el corazón permanecerán siempre
con su canto y su melodía
para quienes vamos partiendo
y nos hemos guardado sinceramente y para siempre
en lo mutuo de vuestros corazones.
Eso se llama «amor eterno»,
la base de la realidad de toda vivencia
que anhela un reencuentro entre los tú y yo
que de verdad nos hemos amado aquí en vida.

Momentos del destino

No jugaré hoy a dominar el destino.
Dejaré que solo me atrape,
y a la vez sacaré lección de todo momento vivido.
No he de rastrear los pasos de la agonía,
sino que habré de incursionar y sacar provecho
de todo momento feliz,
y de lo que me ha causado cierta satisfacción en mi vida.

Todo instante de amor, felicidad,
y en especial todo lo que ha conmovido mi corazón para bien,
en esta bendita y a la vez maldita existencia.
Solo sé que los diamantes,
y la maravilla que pone la dirección del timón de mi vida,
son mis seres queridos que me mantienen de pie aquí en este sitio.

Aciertos y desaciertos de la vida

En la vida se elige con pinzas, con el corazón y con el alma
todo lo que tienes y en algún momento se ha de amar y sentir
cierto cariño.
Muchas veces te equivocas, pero, con las mismas pinzas,
el mismo corazón y la misma alma
se devuelve todo al tacho de la basura.

Sensaciones y sentir

No estamos preparados, ni para ser felices ni para sufrir.
Las emociones que conmueven nuestros sentimientos
se aceleran solo al enfrentar los hechos
que causan la felicidad y el sufrimiento en nuestro ser.
No estamos preparados para nada,
solo lo sorpresivo pone en acción las hormonas,
los encuentros, y todo aquello
que siempre ha estado ajeno a nuestro sentir,
y con nuestro poder lo sentimos,
y de repente todo causa una sensación
en todo ámbito de nuestra vivencia cuando ha de llegar.

Somos seres que ni siquiera hemos estado preparados para respirar.
Recuerda que el primer aliento tuvo que llegar sorpresivamente,
y si no hubiese llegado no existiría tu vida,
pero sí estamos preparados para sentir,
y ese sentir es quien recibe las sensaciones
que nos otorgan día a día lo bueno y lo malo
que sucede en este paso por nuestro cuerpo, alma y corazón.

Amor y descendencia

En el canto de tu ser has de conocer, amar y reconocer,
querer y permitir lo que hay en tu sentir.
Lo hermoso que tu alma proclama, lo que tú amas
en el ejercicio de sentirse vivo, y cuando el ser humano admite
llegar a donde quiere llegar,
se reflejan los triunfos del existir.

Admitir es «llegar», proponer,
es la base de «admitir»,
que si hoy concretas tus sueños,
todo lo admitido se concretó
en la inmensa realidad que procede de tu ser
al mirar más allá de todo,

«Y, lo que es todo para ti, es todo para quienes habitan en tu sitio,
y aquel "todo", es el real amor, que nació contigo y morirá contigo.
Aquello, simplemente, es y será,
el amor y el cariño a tu generación».

Lágrimas hacia la eternidad

La alegría y la melancolía sostienen algo en común.
«Ambas lloran, botan un par de lágrimas
por un instante y un momento vivido».

Pasos de vida hacia la muerte

Sé que he de amar, sé que he de querer,
sé que he de odiar, sé que he de ser luz,
sé que he de decir la verdad, sé que he de mentir,
sé que he sido bueno, sé que he sido malo,
sé que he sido odiado, sé que he sido amado,
sé que existe un mañana, sé que existe un ayer,
sé que existe un futuro, sé que he sido alegre,
sé que he llorado, sé que he muerto en vida,
sé que moriré, y tal vez, allí no exista luz,

sino que la sombra y el reflejo de tu espejo
podrían ser tu abogado
en los enigmas que contiene
la muerte de tu alma, tu corazón y todo tu ser.

Diez segundos y su pensar

Las emociones son el cariño, el fuego,
el ataque o el convencimiento de todo instante del ahora.
Más, los sentimientos son la reflexión
que camina por delante de toda emoción.

El sentimiento por siempre lleva a cabo el amor
ante toda decisión que comenta la fábula del pensamiento
de los diez segundos antes de actuar
y poner en ejercicio las decisiones de tu vida
en los momentos críticos y en cierto modo cruciales
en las etapas de tu vivir.

La dignidad de tu camino

«¿El que ríe último ríe mejor?»
Y si nunca has reído, ¿qué sucede?
Y si eres el último y nunca serás el primero,
y si eres el primero y nunca serás el último.

Solo, aquí y allá, mantente primero,
sin reír ni llorar.
Solo con la convicción
de que tu risa y tu llanto
caminarán hacia la eternidad
de acuerdo a los pasos de tus sentimientos
fuera de maldad y codicia,
y por siempre manteniendo la humildad de un peón,
«un quién y un yo, un tú y un quién».

Que por más que exista un final,
cuando se acerque la muerte,
mueras con la dignidad de haber sido un gran hombre
en los pasos que te tocaron vivir
y caminar por estos sitios.

Ríos en el corazón

La alegría y la tristeza nos dirigen a diferentes sitios,
y sin embargo, con el paso de los años,
todo se convierte en nostalgia y melancolía,
e intensos recuerdos que se recitan con mayor potencia
contigo mismo en los momentos de soledad.

El sudor de la vida

Un «¿cómo estás?» Un «¿cómo te va?» hace bien de vez en cuando.
Allí es cuando los sinónimos del verdadero amor
y el aprecio de ciertos semejantes
ponen en ejercicio y dan fortaleza a los corazones abatidos
en ciertos momentos de angustia y pesar
de aquellos instantes vividos.

Nos ocurre a todos en el ciclo de cómo camina la vida
en los senderos de lo negro y lo blanco en nuestra existencia.

Apostando sueños

El tren ya pasó, esperaste en el andén equivocado,
ahora viene un Volvo y un Ferrari
y no te llevarán al sitio que prometió tu tren.

Será mejor esperar la avioneta, aquella permitirá limpiar el alma
y conquistar los millones de sueños que tu alma ha prometido,
y aunque tu corazón esté herido, hay cara y sello
en la moneda de la suerte, un Joker esperando
la jugada perfecta en los juegos de la vida,
un cacho seis paseando en los caminos de la ilusión,
y por más que no concuerde tu historia, tu paso y tu destino,
existe el tiro de los dados, un ganar y perder
en las apuestas de tu vida.

Y entre tú y yo no hay diferencia.
Todos apostamos por nuestros sueños e ilusiones
en esta odisea de haber existido aquí por estos sitios.

Tropiezos de la existencia

Me tropiezo día a día con la nostalgia,
la melancolía, la tristeza,
la alegría y la felicidad.
Eso es vida, «tropezar con todo lo que nos toca en la existencia,
y aunque el último tropiezo sea la muerte,
existe la esperanza y la fe en la eternidad».

Fragmento, fe y esperanza

Si se paga con amor, no he de devolver
ningún poco de esta bendita y gran ilusión
que cambiará en algún momento esta maldita mierda de mundo.

Si se paga con odio, lo recogeré, lo aplastaré
e intentaré cambiar aquella esencia.

Y cuando vuelva de regreso, de vuelta de la maratón de la vida
sin haber en ningún momento mirado hacia atrás,
así como Dios le dijo a Lot, ya sabré
que no estaré convertido en sal como quienes no dieron prioridad
al amor y al cariño para salvarnos unos con otros
de esta maldita peste que gobiernan los reyes de este mundo.

Un mundo satánico lleno de corrupción.

La verdad de tu ser

Y si no encajo, «¡qué carajo!»,
y si no lloro hoy, quién con ti hoy,
y si río hoy en los ríos de la vida,
y si mato hoy la peste de mis días,
y si pongo un talud que calme
los sentimientos y los pasos de mi alma,
y si me pongo necio ante mi propia soberbia,
sintiéndome rey aunque sea un mendigo,
y si no soy ni tan bueno ni malo,
y si corro y no camino,
y troto pacientemente en las ilusiones,
y si no aprieto mi canto,
que así descalzo truena mi voz,
y si me margino a mí mismo
y no consuelo los pasos de mi destino,
y si mañana muero luchando con mi espejo y con mi sombra,
sabré de una vez que los sueños son los que asombran,
tu ser y tu alma, tu corazón y en la eterna pasión,
razón y temor de conocerte a ti mismo.

El manicomio de la vida

No hallo respuesta,
no especulo lo que ocurre en mi conciencia
y atrapa como esclavo lo que habita mi inconsciencia,
solo sé que cuando un mañana ocurra,
recordaré el ayer.

Y mi presente ahora es un cielo y un infierno,
las ganas de morir y a la vez un tanto vivir.
No escribo por la maldita razón de la apariencia,
solo escribo porque me siento vivo,
y un ser vivo se alimenta y crece
con los dones que han sido otorgados por la naturaleza.

Mi historia será igual que la tuya,
«una partida en algún momento,
un viaje al cielo o al infierno,
donde el sufrir o reír será por toda una eternidad».

La eternidad de nuestro paraíso

Tiraré hoy el dardo,
encajará en tu ayer, que fue la unión
de nuestro destino,
y a menudo, si piensas en el futuro,
me mirarás con ojos tristes y ríos
de alegría recordando mi partida,
los besos de la promesa, que con amor y con certeza,
nos unieron en la pasión
de un verdadero amor, donde los cisnes nadan
en los ríos, se besan y se aman
compartiendo el paraíso
que solo Dios así lo quiso.

Cuando te beso no te aviso,
los cielos de tu amor no me piden permiso,
y ya mañana el sol guardará
la eterna historia de nuestro eterno amor.

Amando mis retoños

Soy el loco y el idiota
que muchos intentan saber
lo que ocurre en los cortocircuitos de su mente.
Soy el esquizofrénico que dominó los demonios
y los pasos de una mente
que pudo terminar con su propia vida.
Soy quien ahora espera la muerte
cuando mi eterno y amado Dios lo decida.
Soy simplemente un varón
que vive amando los pasos de mi amor,
«mi amada y bendita generación».

Hoteles de la vida

El hotel y el hospedaje en esta existencia no sale tan caro.
En la renta no existe precio,
«todo es gratis» si en el alojamiento
tu corazón y tu alma por siempre obran para bien,
fuera de la maldad acogida a cierta parte maldita
de esta revolcada y degenerada sociedad.

«La coma, un prodigio del corazón»

La coma no se equivoca,
solo mantiene la razón de ser,
la coma puede herir,
la coma puede distorsionar los pasos
que quiere comunicar tu alma,
la coma no es sensata cuando ocurre un error,
la coma ocupa un gran y hermoso lugar
en la equivocación y lo exacto
que dirige tu corazón a ciertos lugares y semejanza,
donde lo oscuro podría ser la claridad,
y la luz se convierte en cierta oscuridad
cuando no se conocen realmente mutuamente los corazones.

En fin, la coma por siempre será
un eterno e infinito prodigio de nuestro vivir,
un elegir, un exigir,
y a la vez una especie de morir.

Sueños, ilusión y fantasía

Los sueños provienen de las ilusiones,
y cada evento u ocurrencia no permitida
que cumpla tus sueños en base a tu ilusión,
lleva por nombre «fantasía»,
un paso tan enorme en los caminos desconocidos de la vida,
que doblega toda razón de ser
si en algún momento fuese cumplida.

«La fantasía es similar a lo platónico,
a lo inalcanzable que anhela tu propio ser
antes de llegar a la tumba».

Amor y traición

En el azar, en los pasos de la suerte,
en silencio te habla la muerte.
Y los ruidos de los brindis de un buen vino,
son tan tercos anhelando amarrar tu destino,
y en las promesas compartidas en tu propia mesa,
«algo pesa»,
si no han sido sinceras
en amor, cariño y lealtad,
han sido de pura maldad, de los malditos cuervos,
que desconocen tu verdadero amor
y al tiempo dicen, «no me acuerdo».

Para amar hay que confiar,
y confiar es el mayor delito,
donde tu propio amar
muchas veces mata
y suicida tu propio corazón.

El encuentro con la muerte

Te extraño en silencio,
sostengo cierto temor cuando llegues a nuestro encuentro,
solo sé que después de todo aquello,
encontraré miles de respuestas a todo lo que ocurrió por estos sitios.

Lo único que te pido es que cuando te acerques
y me lleves a otro lugar,
no me causes demasiado dolor,
y de acuerdo a como se describe en la leyenda
y la fábula del corazón,
mi alma parta serena y tranquila hacia otros paraísos.

Valles de sombras

Te contaré un secreto. Las pastillas no calman nuestro sentir,
luchamos día y noche con demonios,
nos visitan ángeles con la misión de poner en paz nuestro corazón.

Tememos mirarnos al espejo al despertar,
allí no vemos solo nuestro rostro,
la sombra de día, cuando hay sol, muchas veces se nos desaparece.
El relajo y los paseos no nos distraen tanto como a ti,
y aunque en aquello se siente un poco de paz,
los demonios acuden en esos viajes.

Clamamos día a día a la suerte, al azar, al destino y a Dios.
Nuestros soles no alumbran tanto los amaneceres como los tuyos.
Amamos mucho más la vida que ustedes,
pero anhelamos paz mendigando en ocasiones
que se acerque la muerte,
llevamos un tesoro de horror, de pesares en nuestros andares.

Somos la ilógica real donde la sociedad no nos comprende,
y allí por las noches en nuestra habitación
las cuatro paredes nos hablan al oído
con voces y llantos de quienes tal vez ya no existen.
Al despertar por la mañana, si es que se ha dormido,
despiertas alucinando en la paranoia
intentando no volverte loco.

No hay maldad, solo no existe paz,
no hay alegría, solo abunda cierta tristeza,
no hay luz, solo existe la oscuridad,
no hay serenidad en tu vida,
y por aquello muchas veces clamas que venga la muerte.

A mi madre la consumieron los demonios,
y aquí, en este sitio he heredado este enigma,
este misterio, que con valentía y coraje
he de sobrevivir por siempre hasta mi último palpitar.

Caminando por la sociedad

Me sentía un tanto alegre de no encajar en esta maldita sociedad,
pero a la vez sentía cierta tristeza
cuando oía, veía y sentía cómo las amistades,
las propias cercanías se despedazaban unos a otros
por el maldito ego de querer ser mejores,
aparentar cierto dominio que solo es una figura ficticia
de lo que es en realidad su propio ser.

En realidad, parecía ilógico, pero era real.
Entregaban el alma al diablo con la intención de ser lo que no son.
Veía cómo humillaban a buenos corazones,
oía cómo intentaban sobresalir criticando
y enjuiciando a sus semejantes fuera de su presencia.
Yo guardaba silencio, me sentía inútil
al ver tanta hipocresía y egos de seres vivientes
que, al igual que yo, estaremos podridos
dentro de una maldita tumba cuando nos atrape la muerte.

No veía amor en nuestra semejanza,
solo miraba las facciones de aquellos rostros
que sonreían hipócritamente
intentando engañar a sus propios semejantes,
pero muchos eran ingenuos,
no tenían el don de ver más allá
de lo que habita detrás de los corazones.

Y así, entre las mazmorras que habitaban ciertos corazones,
caminaba día a día sin ser engañado,
y por siempre, aunque guardaba silencio,
nunca compré cuentos, ya que pocos sostienen
el don de ver más allá de las miradas.

Paranoias de un loco muerto y vivo

Preso por mis sesos, por aquello tantas veces rezo,
y cuando en ocasiones muy bien me siento
la alegría ataca mi sentir, y hago de mi vida un festín,
no me siento morir, la paz domina mi sentir.

Festejo cuando arrancan los demonios,
y aunque no les tengo tanto odio,
siento mi corazón en paz,
valoro volver a este sitio
sereno y tenue de momento,
y ya mañana, dándome cuenta
que aquella herida no sana,
lloraré mi propio lamento,
tan rápido y tan lento,
que miles de consejos
no me servirán de aliento,

porque tu vivir es distinto
y aunque nosotros dos bebamos vino tinto
por siempre y eternamente seremos distintos.

No condeno tu vivir, y te pido de corazón
que nunca condenes
la forma que yo he de morir.

Amo al mundo, no toco suelo
ya que como muerto me desvelo,
en noches de misterio, de sombras, enigmas
en compañía de ángeles
y demonios que intentan gobernar mi alma
cuando quiere descansar.

El gozo y la tempestad de vivir

No apresures el tiempo, no intentes gobernar el destino.
Sé siempre tú, y toda bendición, todo sueño e ilusión
por cumplir vendrá por añadidura.

Ten presente que por algo existe la «esperanza»,
un gozo traicionero en tu tempestad,
y a la vez, tan cariñoso cuando tu corazón
permanece eternamente en la fe y la convicción
que tu ser, en infinita perseverancia,
todo sueño podrá realizar.

La ilusión, los sueños, la esperanza y la fe,
son los juegos que ha puesto el destino
en los caminos de tu vida.

Partiendo con tu ilusión

Si aquel ángel me diese la oportunidad en su momento
de pedir un deseo antes de morir,
allí en el clímax de mi agonía,
le rogaría ver un cielo estrellado de día
marcando su poder, un sol alumbrando por las noches
desafiando la mortandad de los inocentes,
y dos lunas conquistando y haciendo justicia
a las injusticias en este mundo,
y que al terminar mi existencia
choquen con un beso en su eterno resplandor.

No debiese ser tanto, solo sería
el cumplimiento de la ilusión de un loco
antes de emprender el viaje hacia la eternidad,
allí al «cielo o el infierno».

El poder de la elección de tu corazón

Nos cuesta tanto decidir en todo ámbito o suceso de nuestra vida,
y en realidad todo es el impacto que se provoca en tu corazón
cuando se toma toda determinación en los cruces
donde habitan tus decisiones de acuerdo a sostener
una respuesta a tus sentimientos.

La mayor parte de nuestra semejanza decide con la mente,
allí no habita cierta pureza, y aquello simplemente,
si lo analizas, es un grave error.

El corazón inevitablemente,
aunque tu mundo no lo asimile
y viva ciertas tormentas y tempestades,
y no le tome cierto sentido a este decidir,
es la única opción de saber
lo que en algún momento gobernará nuestro futuro.

Suena como fábula, como fantasía,
pero la decisión de tu mente,
que abarca en cierto grado
y muchas veces cae en desesperación,
la domina tu propio corazón,
quién es dueño del real discernimiento
de todos tus sentimientos al momento
de poner en acción las decisiones de tu vida.

Hojas de vida

Mendigamos saber lo mutuo de nuestros sesos,
ver más allá de lo habitual, seguir y seguir lo desconocido.
Y mientras te descuidas de ti mismo,
se abren día a día las puertas de nuestros propios infiernos,
que no son tan tiernos, y especialmente
nos intentan poseer en duros inviernos.

Y la primavera te enseña, de a de veras,
que sin otoño no ocurre primavera,
que las hojas de tu alma sobreviven cuatro estaciones,
y aunque se sequen y se destruyan en los otoños,
con encanto y pasión viven los veranos.

Y solo tú, en verano e invierno,
verás aquellas hojas llorar en calor y frío,
y así, la hoja nace y muere
sosteniendo vida eterna al nacer y morir
siendo eterna en tu existir,
porque ella nace y muere otorgando vida a una flor,
que con sol y lluvia se alimenta
al igual que el amor en tu corazón.

Relatos y pasos del destino

Era común ver rostros alegres y otros llorando,
todo a la vez producía diversas emociones en mi sentir.
Allí sentía que había logrado conocer a todo el mundo,
en cada noticia, en cada novela y película.

En su tiempo, tenía solo 13 años,
y me di cuenta de los lucros en todos los ámbitos,
«religión, política, e incluso en las luchas
de la propia semejanza de amigos y todo ámbito familiarizado.»

Me di cuenta de que existen circos
que intentan engañarse mutuamente entre corazones.
Allí vi la cruda y fatal realidad de esta humanidad,
y ese mundo, que en esa fábula, en esa leyenda,
en esa historia de vida me hicieron comprender,
que solo con un par de tragos y su buen cigarrillo
se manifiesta la verdad de los sentimientos.

Al día siguiente, con resaca, con tus propios dolores de cabeza,
veía al ser humano en su propia realidad
intentando ocultar sus vivencias,
y todo aquello que en realidad vomitó
la verdad de sus crudos y en algunos,
«dulces sentimientos».

No eran malos, solo guardaban secretos
de una mente perversa y a la vez buena,
«sostenían un gran amor»,
y querían engañarse a sí mismos,
así como en algunos momentos yo lo hacía
en mi propia inocencia a falta de encontrar
la razón de mi verdadero yo.

Senderos del destino

Si no has tenido nada y hoy lo tienes todo,
si ayer fuiste peón y hoy vives en lo alto,
y a pesar de todo aquello cambia tu forma de actuar y tu pensar,
quiere decir que no has aprendido nada de la vida.

Todo ser humano, con golpes o sin golpes
en los recorridos de su destino,
nunca debe dejar de ser el mismo.

La esencia que nace muere como nace,
y si cambia en el camino,
no es por los golpes y circunstancias de la vida,
solo es porque nunca has podido manejar
tu corazón en base a sus propios sentimientos,
y tu mente de acuerdo a lo que es en realidad la propia existencia.

Habitando en los fuegos de la sobrevivencia

No lamentes ni pongas un juicio
en dirección a maldecir tus abismos
y tus propios infiernos.

Solo ten la certeza de que de aquello,
«el hombre saca la fortaleza
y todo el coraje para no quemarse
con los fuegos que intentan quemar su sobrevivencia».

Habitando en los fuegos de la sobrevivencia

No lamentes ni pongas un juicio
en dirección a maldecir tus abismos
y tus propios infiernos.

Solo ten la certeza de que de aquello,
«el hombre saca la fortaleza
y todo el coraje para no quemarse
con los fuegos que intentan quemar su sobrevivencia».

El marco de las páginas de nuestra historia

Existían cartas de antiguos amores,
iban y venían con groseros
y a la vez hermosos sentimientos
enmarcando los retratos de nuestras vidas.

Aquellos viajes que ponían en ejercicio
el sacrificio de aquellas palabras,
fueron y serán los tesoros
de verdaderos y maravillosos amores.

Cuando en esos días,
en esa implacable y a la vez eterna estadía por estos sitios,
hemos conocido las etapas del amor,
del cariño ingenuo que en algún momento fue,
se hizo y permanecerá real
en cada momento que marcará
las páginas de nuestra historia.

Los espejos y la luna

Sentía una proeza que estaba anillada a mi corazón,
y cuando al despertar de aquel crudo amanecer,
veía mi figura en el espejo,
no era en sí aquella silueta que me mostraban
los anocheceres acompañados de una luna poderosa e imponente.

El espejo reflejaba tu cierta debilidad
al encontrarte a ti mismo en aquel sitio
sin encontrar una propia explicación a lo cercano,
y cierto modo lejano de tus percepciones.

Lo que habitaba detrás del espejo,
era un misterio más grande y oculto
que lo que ocurre con la luna.

La luna se hacía saber,
se mostraba iluminando tu propia oscuridad,
mientras que tú, allí parado frente a tu espejo,
no sabías y no entendías lo que ocurría en ese más allá.

Aquellas dos posiciones, la luna y el espejo,
sostenían un misterio similar,
pero un enigma tan distinto que tu corazón
noche y día, día y noche,
clamaba encontrar la respuesta
de lo que habitaba y se concentraba en aquel más allá.

Lugares cercanos a tu despertar y anochecer,
pero a la vez tan extraños en los misterios
que algún día se tendrán que conocer.

No será aquí, no fue al momento de tu nacer,
solo será más allá de tu propio futuro.

El nacer de tu sentir

Cuando un águila y un halcón reconozcan su pobreza frente a una rana,
solo allí se podrá decir que ha cambiado un poco el mundo.

Y aunque un terreno que ha provocado el milagro
de hacer nacer esencias, que son un principio y un final de una existencia,
un cambio en el principio y su fin de monstruos que han sido ángeles,
y por la codicia y el poder han tenido cierta potestad
para cambiar el rumbo de este mundo,
no podremos como seres humanos habernos realmente sentido crecer.

Pero tú, mientras como ser humano,
no mueras como una rosa que se le apaga su luz en invierno.
Mantente como un cactus, que da agua
aunque sea verano, invierno, otoño o primavera,
no negando el beber de la verdadera agua de la vida,
un agua que lleva por nombre «amor»,
que calma la sed de vuestro cuerpo,
alimenta el espíritu, y pone en calma nuestro corazón
y vuestra alma en los episodios donde te has sentido morir.

Sé por siempre un ser, que aquí en vida,
intente entregar lo mejor de su corazón
ante todo episodio que abunde y exista
la tristeza, la alegría, la penuria o la felicidad.

Siempre pon tu ser en el ejercicio de brindar amor,
ya exista un cielo o un infierno en la semejanza
que habita tu propia alma y todo ser que habita a tu alrededor.

Ama y quiere por siempre,
«los senderos de la vida son paraísos e infiernos en este lugar,
que se comparten entre emociones y sentimientos,
una propiedad amarrada a una esencia que proviene junto a nuestro nacer».

Más allá de tu todo

Existe la distancia entre las emociones,
una fragancia y un aroma que se aleja
con el choque de las decepciones,
la alegría y toda propiedad de vivir.

Un simple café puede unir corazones,
y un buen trago y un cigarrillo
conmover y unir los episodios
que han surgido entre el bien y el mal de nuestras almas.

Las vivencias en estos sitios son cuerpo, corazón y alma.
La carne y lo que es cuerpo pronuncia deseos y placeres
que otorgan una vivencia momentánea en un solo instante,
mientras el corazón y el alma sobreviven
similarmente un shock de emociones y cierto trance,
que solamente están separados
del sentir vulnerable del corazón en su decidir,
y el poder de nuestra alma,
que en su albedrío sostiene más conocimiento
que nuestro propio cuerpo y corazón.

Tu alma decide más que tu cuerpo,
más que tu corazón en los viajes no conocidos,
y aquello solamente lo sabrás
cuando tu conciencia se encuentre con tu inconsciencia
y tome aquel vuelo en ese aeropuerto
que te llevará a buscar las respuestas
a todos los enigmas en el gran viaje hacia la eternidad.

Los sueños caminan haciendo realidad tus ilusiones,
y tus fantasías son el enigma
que tu ser anhela cumplir antes de encontrarse con la muerte.
La fantasía es algo irreal,
que todo ser intenta en su conciencia e inconsciencia
día a día hacerlo realidad.

El secreto de tu jardín

«Recuérdalo siempre». Existen jardines dentro de tu corazón.
En ciertos instantes estarán un tanto secos
y serán regados por tus propias lágrimas,
que desahogarán la tristeza que habita tu alma,
y cuando aquel jardín ya haya sido regado por aquellas lágrimas,
florecerán los pétalos de las flores que habitan tu corazón.

Y así, mansamente y silenciosamente,
la alegría y la felicidad cultivarán y harán crecer
otras raíces que acompañarán tu tristeza y tu soledad,
creando un sentimiento y una emoción
que ni tú ni yo podremos saber cuál es su verdadero nombre.

El tren del destino, «sueños e ilusiones»

Ocurría un despliegue en los pasos y los senderos
que anhelamos en su momento
de acuerdo a cuando comenzamos a obtener
un real discernimiento que nos había otorgado la vida.

La infancia tenía y nos proponía diversos sueños a realizar,
y cuando nos llegaba con una inmensa velocidad
«la pubertad y la adolescencia»,
el discernimiento iba tomando el real peso
que iría tremendamente a consolidarse en nuestra juventud.

Poco realizamos de lo tremendo que gobernaba nuestro ser
en aquellas etapas de la vida,
que en sí, fue una inocencia fusionada con nuestro carácter
que permitió lo que al día de hoy somos
en la base del real significado de la vida,
«los sentimientos y las emociones»,
que propusieron, y con el tiempo, de igual forma
se han hecho realidad otros sueños e ilusiones
con un sacrificio y un coraje eterno.

Muchas veces, sueños que han de costar un siglo
se cumplen en un segundo,
y sueños que pueden costar solo un minuto
nunca los haremos realidad.

Los poderíos de la naturaleza

Escribía llorando por las noches,
no era un don que causaba cierta felicidad y alegría,
todo era melancolía, una especie de nostalgia
que atacaba mi vivir y mataba mi ser
con una explosión en el instante.

Recordaba las olas del mar,
que con prepotencia chocaban las rocas
asumiendo y poniendo en ejercicio su poderío,
pero el mar así, en su soberbia,
no reconocía el poder del sol y su fuego,
que, si él lo quisiese, lo secaría
en un maldito e inmenso segundo al enojarse,
y mientras las nubes permanecían en un eterno silencio,
la lluvia que sobrevivía atenta en ellas
hacía producir la calma en los enojos de la naturaleza.

La lluvia era más sabia que la luna,
aquella que alumbraba y maravillaba nuestro ser
con su inmensa luz en su humildad,
y, aun así, su silencio nos demostraba su honestidad,
ya que reconocía el poderío de las estrellas,
que son la eterna y bondadosa razón de nuestro sobrevivir.

Que allí, en nuestro sentir y la emoción de nuestro vivir,
pensamos en algún momento de nuestra vida
que son nuestros seres queridos que han partido,
que con sus luces sostienen los recuerdos de nuestro ser,
que como ángeles iluminan lo oscuro
de lo que nos queda de existencia por estos sitios,
haciéndonos pensar que seremos nosotros algún día
aquellas estrellas, que en los silencios y la serenidad de las noches,
como ángeles de luz cuidaremos después de habernos muerto
a nuestros seres que irán quedando por estos sitios.

El acecho de un cierto fin

Remar y remar, rezar y rezar,
clamar y clamar, orar y orar,
suplicar y suplicar.

Aquello era lo inmenso, que con tan solo pensarlo
se volvía un tanto más fácil nuestra vida
en los momentos difíciles que van y vienen
en nuestra ruta, tan frágil y densa,
y así, nosotros tan ajenos a la muerte en un sentir,
sabíamos en realidad que aquello tendrá que venir.

No tan tarde, ni temprano, solo en el propio instante
donde se produce el gran golpe en contra de nuestro destino.

En la vida no existe el olvido

Las puertas de tu olvido, si lo piensas, en ningún momento han partido.
Son tu presente, son un pasado y son tu futuro,
son puertas que sostienen un nido,
al parecer tan ingenuo a tu sentir.
Ellas abarcan un pasado sin olvido,
un presente sin olvido, y un futuro sin olvido.

Y tal vez, aquí y ahora, todos manifiestan cierto olvido,
que en la memoria de tu generación
por siempre permanecerás siempre vivo.
Tan vivo como una flor despertada con el rocío y la luz del sol,
tan vivo como el amanecer contemplando la luz
y lo que ocurre al abrir tus ventanas en su propio amanecer,
tan vivo, como la luz y las maravillas de toda naturaleza
que conocerá la muerte, porque en ella permanece
la esencia y el sentir del gemir de tus sentidos,
que día y noche nos proclama la pasión
y el eterno palpitar de lo que es nuestro vivir
entre verano, otoño, invierno y primavera,
el poder de tan solo un año,
que con tan solo seguir avanzando con el tiempo
y los pasos de nuestro destino,
nos proporciona los abrazos y los reales sentimientos
en lo que es nuestro eterno y gran camino.

El silencio en los los cofres de un ser maldito ymendigo en esta vida

Tus cejas me muestran los pasos de tu inconsciencia,
tus pestañas me muestran ciertos dolores de tu inocencia,
tus pupilas me muestran los sentimientos que vives en tu hoy,
y así, el iris que representa tu cierto mirar
me muestra ciertos pasos de tu destino y tu conciencia.

Tus facciones delatan todo lo que ocurre detrás de tu corazón.
No soy brujo ni un ser tan extraño a tu parecer,
solo soy un semejante que conoce más allá de tu conocer.

Por siempre permanezco en silencio en mi inmensa humildad,
y no doy cierta importancia a lo que ocurre en nuestros destinos,
porque cada quien muere y vive en sus propios errores.
Y yo así, solo veo, y en silencio permanezco
observando lo que día a día nosotros en nuestra semejanza
intentamos cambiar de acuerdo a lo que gobierna realmente nuestros sentidos.

Las lágrimas de un poeta

No lo sé, y nunca lo sabré,
si todos los poetas lloran más en invierno o primavera,
en otoño o verano,
solo sé que el sol no seca nuestras lágrimas,
y su resplandor no cubre
los abismos que nos persiguen como una sombra,
ocultando los dolores del alma
y reviviendo los recuerdos que endulzan y amargan
el recorrido de la vida.
Y solo sé que las estrellas serán eternamente bellas,
y así, con su brillo y poder
harán por siempre cada sueño de nuestra vida crecer.
También sé que la música
nos devora en silencio,
y nos marca como una estampilla
que quiso dejar su infinito recuerdo
en la memoria de su primera
y última carta de amor.

El pasar del destino

El telón no se bajará hasta que acabe la función,
y por más que el trapecista te muestre los sueños
en la cuerda sin temor a los precipicios,
los miedos sobrevivirán
en tu vida hasta que llegue el payaso
y te haga sonreír con las muecas y los chistes,
poniendo en calma tu corazón y tu alma,
haciendo la muestra de que la vida por siempre será nuestra,
y con una eterna libertad, el circo sigue, los sueños prometen,
y los cruces en las rotondas de tus ilusiones,
serán ahora y para siempre en la convicción de una fe
y una esperanza para realizar un mañana,
un futuro que va más allá de la agonía
que sobrevive dándote tus últimos pálpitos
antes de lo que habita más allá de tu muerte.

Solo sigue, camina y ama antes de tu muerte,
que de acuerdo a tu gran y enorme camino
cada paso que das se llama «destino»,
que cabalga junto a ti en el cumplir
de todo sueño, fantasía e ilusión.

El sentir, la unión de dos seres

Un «te quiero» es un «te amo»
que suavemente con los pasos del destino
va evolucionando en dirección a un verdadero amor,
y con la relación mutua de ser a ser,
en una comunicación donde se encuentra
el real sentimiento y la pasión de ciertos seres,
que en aquel sentimiento vivirá por siempre
lo infinito fuera de todo límite e ideología.

«El 'te amo' es el mutuo acompañar
en la adversidad, la pasión,
y el querer cumplir los sueños e ilusiones
para toda una vida entre semejantes
que se amarán hasta la eternidad».

La belleza y crueldad de la vida

Todos, tú y yo, sosteníamos tatuados en un principio,
allí cuando al nacer fuimos víctimas de la posesión del destino,
los golpes duros de la vida, los besos de amores
en lujuria, y el bendito pecado de lo que sostiene el poder del amor.

No había nada ajeno a las leyendas y los mitos
de la luna, el sol, tu sombra, las estrellas y los sueños
que habitaban detrás de tu espejo al amanecer.

No éramos la suerte de un cactus que contiene agua todo el año,
solo somos especies que buscan aplacar
su sed de cuerpo, alma y espíritu a cada momento,
mientras vamos consumiéndonos en los azares de la vida,
tan tercos, tan bellos y llenos de misterios y enigmas,
que van mordiendo como si fuéramos una presa de la ley de la selva,
los pasos y los senderos de una hermosa
y a la vez cruel vida.

Las huellas de tu ser

Un estado de decepción
no se acerca a lo que dice la gran mayoría,
que aquello podría ser cierta mediocridad.
Los estados del ser humano se basan
en la cantidad y el flujo a como se proyectan
las emociones y los sentimientos en la vida de cada sujeto.

La mediocridad no se basa en los estados,
sino más bien en no tener fuerzas ni ganas
para cumplir un objetivo.

Somos propietarios en nuestro silencio,
de grandes emociones y sentimientos,
y en aquello sobrevive el poder
dejar una marca en los sitios
que han caminado nuestros pasos
con una intensidad, que cada beso, cada caricia
y todo instante permanecido en nuestra existencia
será por siempre una eterna y humilde historia
vivida con un propósito en dirección
a dejar una huella eterna en nuestra generación y nuestra sangre.

El dolor del destino

La problemática que ocurre en tu vida
no es más ni menos que lo que ocurre en ciertos seres.
Tus zapatos son dignos y eternos
en tus bendiciones y maldiciones,
y el calzado y la horma de tus zapatos
son solamente tuyas.

Tu dolor y tu sufrir
será un escarabajo ante el suceder de tu semejanza,
y el dolor de aquellos
será un escarabajo a lo que ocurre en tu sentir.

Hormas de calzados son la vida,
tallas distintas a lo que ocurre
en nuestro eterno e inmenso vivir.

La talla y la horma de cada ropa
y cada zapato de vida
nunca calzará entre unos y otros,
y por aquello, el destino no cambia ni intercede
en las soluciones de lo que ocurre en el mundo
causando un perecer en forma instantánea.

El destino, aunque no lo creas,
se siente morir llevando cada día
las almas a los encuentros con la muerte.
El destino sufre más que los cielos,
el sol, la luna y las estrellas
cuando nos ve morir
y se apagan nuestros destellos de vida al partir.

La protección de una palabra

Un plumón sostiene dos funciones:
pinta tu vida según lo que tu mano,
en el poder de su sentir, decide
en su albedrío y su potestad,
como tú en tu libertad querrás vivir.

Y lo segundo, que va más allá
de todo entendimiento, causa
un eterno abrigo en los inviernos
donde el frío cala y ataca tus huesos,
queriendo matar con hielos
los pasos de tu cuerpo, tu alma y tu corazón.

La sencillez de esta simple palabra
te demuestra que existen muchos
y más términos que pueden sostenerte
día a día para sobrevivir
en lo que es cuerpo, alma, corazón y espíritu,
de acuerdo a las vivencias reales de tu ser.

«Recuerda, el plumón te protege,
plasma las escrituras de tu vida,
y abriga tu cuerpo y tu alma
en los duros y fríos inviernos».

Las puertas y el despertar de los silencios

Las ideologías, la política, la religión,
todo credo y situación basado en todo ámbito de vida,
podrían ser más llevaderos si nosotros, como seres naturales,
no viviéramos en los egos absurdos,
en la soberbia de creer que las sonrisas de un payaso
no cumplen una función para toda etapa de vida,
en la testarudez de creerse dueño de la razón.

Aspectos que dentro de todo,
tú y yo somos propietarios en nuestra inconsciencia,
pero en los silencios de la emoción y el sentir del alma
nos damos cuenta de que, en realidad,
la razón y la verdad sobreviven más allá de nuestra conciencia,
que lucha día y noche a golpes con nuestra inconsciencia
sin saber realmente quién fue y nos dio como premio esto concedido,
que muchas veces no lo sabemos utilizar.

El abrir las puertas y las ventanas de nuestra alma
por siempre será la bendita razón de saber que estamos aquí vivos,
tan vivos, que nuestros pálpitos nos hacen pellizcarnos
muchas veces en los dolores y los momentos de felicidad de la vida
para saber si los horrores, los placeres,
o en cierto grado la alegría, son un sueño o no que estamos viviendo.

Trotando por el mundo

Trotar era una buena forma de llevar a cabo nuestra carrera de vida.
Allí, en tan solo ese simple contexto,
aquella velocidad de cómo todo ser humano
puede o pudiese controlar los pasos de vida
para no arrancar y quedarse atrás
era un gran ejemplo de lo que es el existir.

Sin embargo, tú y yo no podemos trotar
ni siquiera un solo año en nuestra carrera de vida,
ya que existe la desesperación, la inquietud,
la indecisión, y más allá de todo,
la curiosidad del cuerpo, el alma y el corazón,
que nos llevan a caminar lento
y a correr por los sitios y los paisajes
de nuestro paraíso de sobrevivencia.

El «trotar» para todo ser humano
es una especie y forma que no se le da mayor importancia,
siendo que estando entre medio de todo abismo
y cierto paraíso conviene un poco habitar
entre medio en aquellos sitios,
porque en «trotar» vive y habita la serenidad,
la calma y la prudencia del pensar de todo individuo.

La paranoia de los amores platónicos

Al día de hoy, tomaría aquella carta y la quemaría.
No sería por lo maligno que se ha hecho presente
en mi corazón al leer estas malditas letras,
todo será por la evolución y el golpe que he sentido
cuando leí y vi lo que habitaba detrás de aquellas letras,
que en sí mostraban y encajaban lo que son los nudos
que permanecen en todos nuestros sentidos.
Quemaré humildemente esa carta,
ya que en ella no me muestra en sí el sexto sentido,
un sentido que anhela mi corazón conocer.
Lo demás, lo que diga nuestra semejanza
que hay poder en los cinco sentidos,
«lo acepto rotundamente en nuestra recíproca humildad»,
pero te digo a ti, «amor platónico»,
cuando descubras lo que habita, nace y muere
en el sexto sentido, serás solo así propietaria de mi corazón,
más allá ni tú ni yo podremos hacer nada
en lo que son nuestras fantasías e ilusiones ajenas a todo universo.

El hablar del silencio

La soledad es una especie de cualidad espiritual,
donde tu alma se comunica con tus propios abismos,
y así, poco a poco, en aquel silencio
vas reconociendo lo que realmente habita en tu ser.

El secreto de tus mascotas

Tener gatos alejaba ciertas maldiciones,
provoca cierta protección de parte de su ser hacia tu hogar.
Tener perros nos mostraba de igual forma
una especie de resguardo a la vulnerabilidad
que ocurre en nuestros corazones.
Pero ambos animales brindarán esa protección
solamente en el agradecimiento y el trato
que tú les brindas hacia su corazón,
a su alma que día y noche recorre
con un sentimiento mucho más especial
que nosotros, los humanos.

Juicios y prejuicios, el arte de la maldad

En nuestra vida existen y toman vida ciertamente
y en mayores ocasiones ciertos prejuicios.
No lo digo marcando cierto ícono a estas palabras
que se acercan a un probable juicio
que se devolverá a tu vida con hechos
de los montones de tus dichos,
que aún así lo has dicho con maldad,
pero sí, en un gran grado en el pedal
que acelera tus emociones
sin ni siquiera pensar las cosas
y analizar las situaciones con calma en aquellos instantes.

No juzgues nunca a tu semejanza
sin antes haber juzgado primeramente tú mismo
tu propio corazón.
Las etapas y las hormas de los zapatos
de nuestra existencia
serán por siempre nuestras
en lo que nos ha tocado vivir.

Sitios del alma

El alma de los odiados y los que odian,
juega su propio encuentro en su propia humanidad.
Quien no fue odiado en su momento carece de libertad,
y quien no ha odiado en su momento
nunca ha conocido su propio sentir.
El alma por siempre será emblanquecida
por lo sobrenatural, siempre y cuando tu ser
haya probado e interactuado con lo bueno y lo malo
que habita en tu ser.

La fauna del alma

Un gorrión con rabia
podría asesinar a un tigre,
y un tigre lleno de tristeza
podría dejar a su presa escapar
viendo lo profundo de sus sentimientos.
La naturaleza lleva un acento tan complejo,
que solo pocos lo podemos comprender.

Atrapando sueños

Los sueños sí se atrapan,
muchas veces en la inmadurez
que nos corresponde vivir como seres humanos,
creemos que los sueños solo llegan
y se aceptan fácilmente en nuestros caminos de vida.
Los sueños, aunque sean compañeros de tu vivir,
por siempre serán hermanos de las ilusiones,
y las fantasías, hijos de lo que es
día a día alcanzable e inalcanzable
en las etapas de nuestro ser.

Todo es la magia de lo sobrenatural
que busca nuestra alma en vida
antes de viajar a un eterno descanso,
o tal vez a otra dimensión
donde nos espera otra forma de vida.

El conocer la pasión de los corazones

Idealización es una forma de percepción de todo humano,
y por siempre en el sentir de cada ser,
allí cuando se incrusta un sentimiento
es muy difícil que tu propio corazón sea engañado.
En el corazón de ciertas personas sobreviven dones,
y aquello hace a nuestra alma ver más allá de lo permitido.
No son casuales los sentimientos,
lo que en sí ocurre,
es que pocos sostienen la potestad
de ver más allá de los espejos del alma.
No hay ego en estas palabras,
ni adivinación ni cierta forma de agorero,
solo un poder que ve más allá
de lo que habita en la iris de cada ser.

Sorpresas de la vida

Si llegases tarde a una cita,
ni tan importante ni tan desvalorizada a tu sentir,
recuerda que todo lo que se acerca
a la importancia y a la no importancia
ocupa un lugar en tu ser.
Aquella cita que fue tu anhelo
podría decepcionarte,
y lo otro, que nunca le has dado importancia,
podría ser una marca tan intensa para tu vida
que podría ser algo mayor,
que dejará atónito tu corazón
en ese momento y para siempre
en cuya sorpresa de los recorridos de tu vivir.

Nunca desmerezcas lo que puede ocurrir en tu hoy,
ya que aquello, en su maravillosa y eterna humildad
de donde proviene,
puede dar un curso diferente
a los pasos de tu vida.

Uno y dos, tres y cuatro, personajes distintos

No sé si la angustia o la desesperación
son más fuertes en los pasos de ciertas vidas
que mantienen una condición de depresión,
bipolaridad, esquizofrenia u otro problema mental
para la ciencia y no conocido realmente
ni por nosotros mismos que sobrevivimos
estos pasos del espíritu y el alma
que no son un real entendimiento para la ciencia.

Solo sé que hay un eterno Dios
que nos sostiene cada día
para no caer en el sentir de partir en la locura,
que nos habla y despierta el silencio de nuestras almas,
doblegando nuestro ser,
y nos hace día y noche
no querer partir de este mundo.

Nostalgia y melancolía de la naturaleza

En ciertas noches de melancolía
y de nostalgia, las lágrimas suman,
conmoviendo la conciencia tal vez,
en un abrazo imaginario de un lagarto,
en el rugir y la especie de aliento
de un puma protegiendo la cordillera,
en el sonreír de una abeja
criando a sus hijos en los panales,
en los tristes cantos de la lechuza,
que la comparan con un búho y, en ella
habita su propia historia,
en el aullido y la fortaleza de un lobo,
que no le teme a la noche, pero sí
a la luna llena que despierta
el saber de su inconsciencia,
en los tigres que en su interior
aman la verdadera libertad y la proclaman,
de la selva donde en algún momento
el hombre en su existencia amó con pasión,
al igual que los bosques, tan verdes
y distintos a los desiertos,
que sin agua en los cactus se sienten muertos,
y a la vez los cerros
donde existen las montañas
anhelando toda una vida crecer,

y tocar las estrellas más bellas y maravillosas
en los resplandores de su naturaleza,
mientras los peces juegan en silencio,
amando y queriendo su infinito mar,
y las aves cuidan los cielos
y las lágrimas que derraman
las nubes con su llanto.

El silencio y los gritos de tu interior

Lo peor que le podría suceder
a la existencia del alma y el corazón,
sería el «ensordecimiento»
de los gritos que llevamos clavados
adentro en nuestro interior,
aquellos gritos que en algún momento
serán escuchados por el universo.
«Si sucede aquello, acabaría la vida
que se sostiene en otra dimensión o eternidad».

Nadando en los ríos de tu corazón

Una eterna solución a los conflictos de tu vida
«no existe», eso se basa en agonizar
hacia ti mismo tu ser en tus propios problemas.
Por siempre intenta en tus etapas de sobrevivencia
reconocer tus propios errores,
eso es una especie de sinceridad,
de honestidad y lealtad principalmente a ti mismo.

Entendimientos

«Estoy enfermo,
soy un demente
que domina lo que habita en su corazón».

El mundo está sano,
no está demente,
pero no sabe en realidad
utilizar de buena manera
lo que vive en su corazón.

Soy quien domina cierta irrealidad,
que en algún momento
pudiese matarme a mí mismo,
parte del mundo es una realidad
que se esclaviza a sí mismo estando cuerdos,
y son malévolos en su propia cordura.

Las manos de nuestro destino

Si algún erudito gobernante
de todas las ciencias y todo ámbito
de toda naturaleza de lo que habita
en nuestra humanidad
gobernara nuestra existencia
pasando sus conocimientos
de generación en generación,
y además tuviese buen corazón,
todo sería distinto en este mundo
al día de hoy.

La teología en sí es buena,
pero cada ciencia, cada religión,
tipo de política u otros ámbitos
la forman a su propio antojo
causando encuentros
de diversos choques
de acuerdo a sus creencias.

Suma y resta de la vida

En la vida todo resta, suma y sigue.
Si no sumamos mutuamente en nuestras vidas,
la idea es desecharse recíprocamente
en el caminar de nuestro existir.

La paz del cuerpo, del alma y del corazón
solo se concibe cuando no hay obstáculos
que perjudiquen nuestro propio vivir,
lo demás, los cuentos y fábulas
de uniones ficticias,
solo aplican para la inmadurez
que recorre ciertos pasos de nuestra vida.

Quien suma sigue sumando,
y quien resta no es digno de ti,
ni tú digno de lo que ocurre en ambos corazones,
todo será por cosas del destino,
siempre así,
por lo cual, no proseguirán caminando juntos
en ninguna etapa de vivencia.

Cada cual en esta vida
lucha por mundos distintos,
de eso trata la vida
y la existencia de cada ser
que cabalga su viaje por este sitio.

«Quien obra bien en esta vida
camina sin rencores ni temores».

Teorema y marca a nuestro vivir

Ser extraño causaba cierto horror,
no existía en la vida temor,
y cuando venían e iban los golpes de la vida,
tu ser no alcanzaba hablarse a sí mismo
y despertar el ruido de los silencios.

La metáfora, los versos de la vida
son infiernos sin solución,
donde los poetas navegan
en su barca sin decisión,
a la espera de una convicción
de dilemas ocultos,
de lo que habita en tu nacer,
morir, llorar y reír,
mundos distintos, etapas tan ajenas
a lo que día a día
con su dolor la muerte nos pena,
y allí, donde tú y yo
no somos dueños de la infancia,
la juventud y la vejez,
sabemos en la eterna erudición
cómo cabalga y se siente
el peso de la muerte,
que a la vez puede ser
una especie de suerte,
un azar combinado en la emoción
y el sentir de los pálpitos de nuestro corazón,
donde no ocurre entendimiento
en la semejanza,

que solo da cuentas de su dolor
cuando sufre, cuando llora,
cuando se le escapa la esperanza y su fe.

Mi pluma es mi alma,
mi hoja mi corazón,
y la tinta de mi sentir
por siempre serán mis sentimientos,
que aunque hagan daño,
y a la vez fortifiquen toda etapa del ser,
por siempre en los caminos de la vida,
mi sentir será fuego y agua
en las tempestades de tu corazón,
y todo infierno,
paraíso o lo que sea nuestra fantasía
o gran y enorme ilusión,
que va más allá de la muerte y la vida
intentando dar solución
a toda explicación.

Charlando con amor en la cercanías y lejanías

El corazón sonroja sus mejillas en la vergüenza,
tal vez en lo nefasto de nuestro ser,
como también en la ingenuidad de la inocencia
que no soporta el choque de la lucidez,
y aunque a la inocencia a tan temprana edad
no le corresponda ser atacada por la vergüenza,
muchas veces en las etapas de la infancia
conviene vivirla en la temprana edad.

La vergüenza es el primer paso
de lo que todo ser humano será en un futuro,
en aquello se desplaza y se acercan
en cierto modo los reales puntos del conocimiento,
y del real avance a como nos tocan
los sentimientos y las emociones
en nuestro inmenso y amado ser,
que se vale entre tu propio tú
mirándose a un espejo,
y así conocerse a sí mismo
en también otros ámbitos, como lo son:

«el pudor»,
que sostiene misterios eternos
causando temor a los pasos
que sobreviven en un pasado
donde gobierna la inocencia,

«el engaño»,
que sostiene inocencia y en cierto modo
lo que habita en el poder de la mentira y la verdad,
«la vanidad»,
que carece de inocencia,
pero se descubre al paso de los años,
y tú decides si te acompañará,
«la violencia»,
un gran paso al odio y amiga del rencor,
que las sostienes de por vida en tu ser
si no gobierna en tu alma el verdadero amor.

Estas son tiernas y humildes palabras
de un erudito en los temas del corazón y del alma.
La cercanía se alejará de estas palabras
o consejos por su propia soberbia,
prefieren lo lejano.
Aquello es comprensible,
pero en lo lejano no habita tanto amor
como en la cercanía,
«que conoce mucho más lo que habita en tu ser».

La majestad de nuestro eterno Padre Celestial

A las falacias tienes que darle gracias,
en ellas acude el sentir
que te muestra la falsedad
de las amistades o todo sentir y emoción
que nunca han sido de verdad.

Los viajes de la erudición
sostienen conocimiento,
pero no sostienen poder de adivinación.
El conocimiento se cae por falta de percepción,
y aunque sostiene
el gobernar los temores,
la adivinación también sostiene errores.

Sabe en ciertos modos el caminar del destino,
pero no tiene idea de la iris,
que es lo que sucede
más allá de todo lo que habita en el alma.

La adivinación, el conocimiento y la percepción,
carecen de errores,
que son una muestra
de la vulnerabilidad terrestre,
que sí o sí reconoce en su conciencia
e inconsciencia,
que existe un Padre eterno llamado «Dios».

«El Minero», conmemoración de un eterno sacrificio

La tierra tiembla,
su fruto es hambre y necesidad
al sacrificio del hombre,
que no por maldad,
va al acecho con la picota,
su pala, y la evolución
de la inteligencia humana,
que con máquinas extrae el sustento
del centro de la tierra,
en dirección a la realización
y construcción de sueños y proezas
para la vida, los senderos
y rutas del corazón minero,

donde existe sed,
y la cantimplora
hirviendo de sol a sol en su verano
sonríe mirando el sudor
de nuestra frente,
y en los hielos de la cordillera,
el café caliente no impide
que el frío del invierno
cale los huesos al compás de su nieve,

y la lluvia en melancolía y nostalgia
nos canta y nos consuela
recordando un maravilloso «sentimiento»,
y «la emoción»,
de volver sanos y salvos
a casa, a disfrutar
del hermoso y gran amor de los nuestros.

El estruendo de la conciencia y la inconsciencia

Razonar es mover
los pasos de tu destino,
meditar es abrir
las puertas de tu corazón,
y mientras se pueda gobernar
un poco nuestro camino,
cada emoción y sentimiento del ser
podrá alcanzar de algún modo
el equilibrio que se necesita
para existir por este sitio
y estar un poco tranquilos.

Ruidos, bulla y estruendo
sobreviven en la prisión del silencio,
allí donde habitan
los secretos del corazón,
y más allá de las aventuras
escritas por el universo
del nacer y el morir,
tu propio planeta gira
en torno a tu sol
que es la soledad y tu propio encuentro,
que quema, que mata,
que te hostiga a ti mismo en la inconsciencia,
un puente que se fatiga día a día
queriendo conectarse con tu conciencia.

Una separación que ni con miles de siglos
de vivencia ocurrirá su encuentro.
No existe el poder de mezclar
la conciencia y la inconsciencia,
ellas son agua y aceite,
mundos distintos que sobreviven en un mismo ser,
que se ataca noche y día a sí mismo
intentando dar explicación y razón
a lo que habita en su eterna separación.

Las raíces de mi nacer, mi infancia y mi morir, miamada Población José Simón

Las raíces de mi alma
vuelan a cada instante
como un pájaro que ama
lo que habita en su nido,
y los pálpitos de mi corazón
resuenan como un temblor,
cuando mi infancia se acerca
con eternos recuerdos de nostalgia
y melancolía a mi amada población José Simón.

Allí donde aquel puente
soportado en un grandioso canal
trae inmensos recuerdos a la memoria,
y allí en aquella grutita
se vivieron grandes aventuras
donde no existe el olvido,
y el calco estampado
con tinta de mi sangre,
de mis vecinos y todo lo aquí vivido,
suena como trompeta
despertando mi silencio
en mis momentos de nostalgia
y melancolía, felicidad y alegría,
donde cabalga el verdadero sentimiento del amor
recordando lo aquí vivido.

24 años de crianza y estadía
mencionando día a día lo que yo soy.
Un veterano a futuro,
un niño del antes,
que se cobija en lo que me queda de juventud,
y un presente sincero
que ama y retiene toda visión en su alma
de lo importante en la vida
que son los pasos de nuestro destino.

Un fuego eterno que permanece ardiendo
en los niños que seremos por siempre,
un nacer, una infancia,
parte de la juventud,
y año tras año,
un cuerpo caminando a la vejez
lleno de tesoros
que habitarán por siempre
en el alma y el corazón.

El partir y un encuentro

Cuando muera, quiero
que me esperes en tu silencio,
así como el pétalo de la flor
duerme por la noche
descansando de la sombra
y de la luz del sol
cuando ataca al amanecer
derrotando las nubes
que anhelan su padecer.

Y cuando ocurra,
que los pumas arranquen
de la inmensa cordillera
buscando el mar,
«sabré que me amas»,
como una estrella ama su destello,
y los ríos el encuentro con el mar,
y más allá donde los abismos
muerden tus miedos
carcomiendo el alma y su sentir,
«te protegeré» desde un lejano cielo,
una órbita
que yace en el alma
y en los rincones de mi corazón.

En los mendigos no habita la paz,
pero entregan y conceden serenidad
a los momentos de tu vivir
para que en tu agonía
se aplaque tu sufrir.

Tus dos mejillas necesitan un beso,
y tu frente la bendición de los rezos,
en los portales y lo infinito del sentir,
y allí en los canales y cascadas
del poder de las aguas,
que cosechan y cultivan
la naturaleza del amor
y de todo existir.

El poder de la existencia de Dios

Seríamos perfectos al encontrar
la solución a todo.
Ni ateos ni agnósticos,
ni filósofos ni poetas,
ni la ciencia ni la astrología
sostienen solución a todo.

Las soluciones son ajenas a lo humano,
y habitarán por siempre
en lo que se siente
y lo que no sea visible al ojo humano.
Ese es «Dios, nuestro creador,
que sin Él nunca nada fue hecho».

Las respuestas de todo ser
que sostiene un sentir,
emociones, sentimientos, valores
y cientos de convencimientos,
no viven aquí,
y más allá de todo universo,
de la muerte, de la agonía,
en algún momento,
el cuerpo, el alma, y nuestro corazón
tendremos alguna explicación.

El ateo niega a Dios por su ego,
el agnóstico cae en duda
por la tibieza de no saber
hacia dónde van sus sentimientos,
el filósofo sostiene la sabiduría del hombre,
«que sí ayuda al alma y el corazón,
pero no resuelve totalmente
los enigmas ni los secretos de la humanidad»,
y el poeta, predica con un enorme sentimiento
lo que abunda en su corazón
conmoviendo emociones y el sentir del alma
en los recuerdos que quedan amarrados
a nuestra memoria y vida llena de sentimientos.

Pero, nunca nadie de estos
podrá negar cómo nace el sentimiento,
la emoción y todo lo que habita en esta creación.

Confianza y desconfianza, «senderos naturales de la vida»

En base a los sentimientos y las emociones,
la infancia me enseñó a confiar en mi inocencia,
la pubertad y la adolescencia
enflaquecieron la confianza en la semejanza,
y cuando ocurrió la juventud,
comenzó a engordar la desconfianza hacia el mundo.

Al día de hoy, con fe y esperanza
espero la vejez,
el real posgrado de la universidad de la vida,
aquello que culminará
en las eternas enseñanzas
a mi amada generación.

La confianza, «corazones en lealtad»

La confianza no se gana
como dice aquel mito,
eso suena a un ególatra
que solo ve parte de su propio ser.

La confianza es un empate de sentimientos,
donde sobrevivirá por siempre
el amor, el cariño, el querer,
y por sobre todo
«la lealtad mutua entre semejantes
y todos los seres de acuerdo a lo vivido».

El fuego de dos locos

Esperaré tres horas,
retrocederé dos horas,
y cuando quiera avanzar
querré por siempre quedarme contigo,
y no lo niego, sí te «amo»,
y ya mañana al despertar,
tus besos me matarán,
y con el fuego de tus caricias
volveré a despertar,
allí en ese paraíso
que nos prometimos para siempre,
en el cariño y amor,
donde las fantasías no mueren.

La juventud del alma

Si el invierno mata tu alegría,
que el verano avive tu tristeza,
y que la primavera,
mientras canta la melancolía,
toque al otoño comentando
los golpes nacientes e infinitos
de tu vivir.

No son fábulas y mentiras,
la luna pena en los temores de tu vida,
y las estrellas, así tan radiantes y pasivas,
muestran los reflejos de tu vida,
en aquel viento que traiciona
intentando mover el destino
de tus eternos y grandiosos días,
que la sombra querrá apagar,
no sabiendo que de noche ella no existe,
y el silencio de nunca acabar,
tus ojos y tu mirada nunca podrá conquistar,
y solo el espejo en su reflejo
te dirá hoy si estás más joven o más viejo,
pero tu alma no reclama,
ya que por siempre será muy joven
para quien en realidad eternamente
de verdad «te ama».

La copa de sangre y la traición

En la vida, y cuando llega la muerte
en diversos ámbitos del existir
con los cortes de una espada,
no se sufre tanto en la agonía
por el dolor de las heridas,
por la sangre que cae y corre
llenando la copa que has de beber,
y así en algún momento
emprender tu viaje
en otros senderos y caminos de vida.

El verdadero sufrir
es la decepción de saber
de quién vino la traición,
provocó y produjo en algún instante
aquellas heridas con aquella espada.

Todo concurre en el error
de no saber sumar y restar
en lo que son los reales momentos de tu existir.
Pero, con Dios vas recorriendo tu camino,
con el Rey de Reyes,
el Señor de Señores,
nuestro eterno amado Señor Jesucristo,
que Él más que nadie
sabe lo que significa la traición.

El tesoro de tu existencia

Es siniestro la transformación
si los deseos humanos
te obligan a querer cambiar lo vivido.
El destino sostiene el valor
y el precio de nuestro viaje a la eternidad.

Las respuestas de la vida sobreviven en los cielos

«Dios es un inmenso abrazo,
un gozo, un momento de felicidad
que apaga la tristeza
donde en algún momento
Él te dará toda explicación.
Dios es el momento
donde en ti habita la alegría
en tu sentir, y más allá de todo,
si en ti abunda el llanto,
y en ciertos días derramas
lágrimas de impotencia
por ciertas etapas de la desilusión
por parte de tu vivir,
recuerda que el sufrir
y toda tempestad en la existencia
serán por siempre el motivo
que te incentiva día a día
a cumplir todos los sueños
e ilusiones que habitan en tu corazón.

La vida no es fácil,
y en aquello, allí en la eternidad
sobrevive la respuesta
y toda explicación
a los sucesos que ocurren
en tus senderos vividos.

Tú ahora vive, disfruta, llora,
sé feliz, y sigue con valentía
los rumbos de tu destino».

Los enigmas de nuestro ser

Me podré referir en este instante
a dos grandes e inmensas emociones y sentimientos.
Nuestro ser sostiene un rencor enorme
en relación a toda etapa del vivir,
y aquello inevitablemente
en cada suceso de vida no se apaga
a causa de nuestro propio ego emocional.

Y a la vez, podemos ser tan sensibles
en lo que sucede en nuestro ser
por situaciones que suceden en nuestra vida,
que de por sí, nunca sabremos en realidad
lo que ocurre entre medio
de estos dos sentimientos o emociones.

La razón de nuestro camino

Los hijos de tu ayer
son las emociones que existieron
antes de tu pasado,
donde los momentos
son la pasión
donde sobreviven los sentimientos
que tú mismo amas,
por el porqué del enigma
que no conoce lo que realmente
en sí es la palabra «amor»,
que lo desconoce tu conciencia,
pero lo reconoce tu inconsciencia,
y aquel poder del verbo «amar»,
que sucede en lo que es
la conjugación de los tres tiempos
de una acción,
pero en realidad tiempos infinitos
de los sentimientos,
donde sucede la descripción
de lo más grande del universo.

Me refiero así,
te comento y te hablo
haciendo referencia al poder del amor,
de lo más importante que sucede
y sucederá en los tiempos de tu reloj,
que marcaron tu pasado,
marcan tu presente
y marcarán tu futuro.

Lo demás,
y quien dice y diga
que no habita una canción
y un poema en los pasos de nuestro destino,
no sabrá nunca,
ni vivirá la emoción de él,
porque nuestro ser nace
con una misión
a esta inmensa odisea y fantasía
que por algún motivo
aquí existió
y en vida aquí vino.

Las tres rebeldías de un hombre

Somos tres ejercicios
y modos de rebeldía
que habitan en un mismo ser,
«soberanía, soberbia y testarudez»,
que sobreviven y suceden
en el misterio de la inocencia humana,
que de acuerdo a su ego
no reconoce sus falencias,
pero únicamente un lugar
donde sobrevive un inmenso amor.

La presencia de una protección

Si te dijera que me protege un gato
me tratarías de loco,
y si tú me dijeras
que te proteges a ti mismo,
yo no te trataría de loco,
sino más bien de un ególatra,
que te penas a ti mismo
llorando en la tristeza de tu silencio,
sin saber que un gato
puede ser tu protección,
un perro tu aliento
en tus instantes de tristeza y llorar,
y más allá de todo,
tú mismo podrás lograr grandes cosas,
pero si tú mismo crees
que no hay algo más allá de tus propósitos,
nada ha de servir,
ya que todo incurre en la vida
por una cierta protección,
y un motivo que saca a flote tus ilusiones.

De nada vale ser tú mismo
tu propia ilusión,
tu propia fantasía hecha realidad,
ya que, si tus sueños y toda acción
permanece ligada a ti mismo
por tu inmenso ego,
nunca podrás entregar
cierto afecto a los demás
como en realidad en tu interior
lo anhela tu corazón.

Las respuestas del destino

Redundar cada día
en el oficio de lo que nos menciona el destino
no solo se acapara en dudas,
en ciertos momentos toda respuesta
sucede por cierta convicción,
una esperanza y una fe
que va en dirección hacia algo especial,
y todo aquello proviene desde algún sitio,
un lugar lleno de sentimientos y emociones
que nos pertenecen aquí en vida.

Silbidos en tus caminos

Que las mentiras no sean engaños,
que el sabor de tu gracia no te traicione, que la verdad no sea tan buena, que allí abunda la traición,
los monopolios de la oculta pasión por siempre cantan nuestra canción.
Que tú ni hoy ni mañana sientas la pereza, que por aquello el hombre se estresa,
y cuando tu fin apague tu vida con la fiebre, que no sea en un octubre y un noviembre,
más bien en ninguna estación, porque el verano y el invierno duele, la primavera te aprisiona, y el otoño en sus hojas provoca sequedad,
que tú ni hoy ni mañana cambies,
que el amor permanece y yace en el querer, de los años que van y morirán contigo amarrados y atados a los golpes de nuestra propia suerte,
que un gitano pillo y mundano, nos hizo gritar con nuestro aliento,
que la verdad y la mentira por siempre existirán.

Las bullas situadas en los silencios

Si niegas tu tristeza,
niegas tu alegría,
y por los pasos recorridos
en tus inmensas laderas,
en los espacios de tus praderas,
penan los duendes,
los chiquillos pequeños,
que con honor brincan y saltan
cuando llegas de vuelta a casa
y piensas
que no hay quién en tu hogar
por las noches habite en los silencios,
donde no existen ruidos,
pero sí esos murmullos,
que si bien son males recibidos,
y a la vez bendiciones
llenas de dones que tú has recibido,
en la fábula de un cuento
que promulga la ilusión y no cierta canción,
tal vez un poema lleno de teoremas,
que ni el cantor lo sabe,
ni el actor lo imitará,
solo el mendigo,
vagabundo que mendiga
y pide perdón por sus pecados,

logrará la eterna explicación
de aquellos poemas
y esa inmensa e inexplicable canción
que ha sido otorgada en la magia
que ha secuestrado la ilógica
y la lógica de nuestro ser,
que cada día en su llanto
anhela padecer.

El despertar y el dormir de vuestro sentir

«Duermes y piensas,
duermes y sueñas,
duermes y alucinas,
duermes y escuchas
cuando ocurre el ruido
en tu serenidad,
duermes y tus cinco sentidos
intentan despertar
lo que habita en el trance
de tu tranquilidad,
duermes y cosechas
las ilusiones de lo vago
del sentir en tu silencio».

«Despiertas y no lo sabes
hasta que te ves delante de tu espejo,
despiertas y tu inconsciencia
recién lo admite
cuando ves tu sombra
que acompaña tu ser
en una única forma de compañía,
despiertas y tu silueta
renombra tu figura».

«Al fin y al cabo,
dormimos y despertamos,
no sabiendo cuál es la realidad,
tu pálpito que siente
los temblores de tu alma en su sentir,
o los golpes de la vida
que van y vienen
en tristeza y alegría
anhelando saber
cuál es la realidad de nuestro ser».

La muerte en los saltos de tu vivir

Cuando la angustia quiera matar lo que llevas dentro, recuérdale
que los oficios del vivir sostienen grandes sentimientos,
y aquellos nunca mueren por las puñaladas de la angustia.
Si todo ha de morir, será por la bendita razón
de los cruces de todas las emociones
que se juegan día a día la suerte
en las rotondas de los caminos de tu vida.

El juicio de los perversos

Si estoy borracho, y le pareciese mal a cierto círculo de tu semejanza,
recuérdales siempre, que ellos son «adúlteros, ladrones, mentirosos,
vanidosos en sus prejuicios, pedófilos en su mente retorcida,
y unos delincuentes que se guardan sus pecados en su silencio».
Quien juzgue tu sentir y tu corazón, será el primero
que se engaña a sí mismo en su propia perversión.
El que increpa al prójimo debe sostener un corazón limpio
y fuera de toda maldad, y aquí en este mundo
nadie goza y sostiene aquel corazón.

El triunfo de tu ilusión

Deja escapar la pereza, y verás los frutos de tu alegría.
Te lo digo en los motivos donde cabalga la tristeza,
que es socia de la angustia, y hermana del dolor y el sufrimiento,
pero de antemano te digo,
que ellos nunca serán honorables amigos de tu éxito
y el porvenir que anhela tu corazón en la fe y la esperanza
que ocurrió antes de tu nacer.
La angustia y la pereza sostienen una derrota inmensa antes de tu existir,
pero todo sentimiento y emoción que gobierna tu ser para bien,
siempre obtendrá la victoria, un triunfo eterno
que lo causan las ganas y la fortaleza que mantienes cada día en tu vivir.

Y si mañana es domingo,
recuerda que los lunes están llenos de fe y esperanza para tu vida.

Los motivos del éxito en tu vivir

Aferrarse al propósito de que la realización de nuestros sueños llegará
tan fácilmente como suena la campana en los recreos de tu pedagogía y tu infancia,
todo sería ilógico y acudiente a un error magnífico.
La docencia en su profesión te alimenta de enseñanza,
tus valores son la manifestación del amor de tus padres,
y lo otro que marcará los pasos de tu destino, eres tú mismo,
el reflejo de tus propiedades que absorbió toda enseñanza
que provino de los valores de tus padres,
de la docencia que desarrolló tu inteligencia,
y lo más importante, la fe y la esperanza que nació contigo,
una compañía eterna de un eterno Dios
que por siempre te acompañará en todos los pasos de tu vida.

Tú y yo, un libro escrito

En las calles de un *whisky* abundan los enormes sentimientos
que se acuchillan en las esquinas de tu vida.
Si el sabor de tu amargura gobierna tu tristeza,
que los abrazos de tu inmensa alegría que has vivido
sean el pilar de tu certeza.
Una alegría que se aleja en los llantos de tu pasado,
pero se acerca tremendamente en la convicción
de que tus sueños otorgarán un éxito formidable para tu vida.

Las heces que se despliegan en tus decepciones
pueden ser lo que bota tu negatividad,
y si en ti habita cierta positividad serás grande, tan grande,
que si tu semejanza querría opacar lo que abunda en tu sentir,
tú, con tu inmenso corazón, les darás la respuesta,
que en tu humildad no habita su opinión, pero sí su percepción.
Y si en ellos acude cierta mierda tirada en base a su inconsciencia
que en realidad no conoce tu inmenso corazón,
déjalos seguir en su ignorante percepción.

«Recuerda que tú eres dueño de tu propio yo»,
«y en los yo si abunda la humildad,
crecen flores en la sequedad,
y la fortuna del corazón crece en la propia suerte
de los sultanes de buen corazón,
y en los gitanos donde no existe engaño,
se manifiesta la suerte propagada en un buen fin
a lo que son los propósitos de tus sueños,
donde ni los brujos ni los adivinos sabrán
lo que ocurrirá en tu eterno futuro».

Y solo Dios, que sostiene toda potestad de honra y gloria,
él mismo corrige su propio libro de la vida.
Él por siempre será dueño de toda letra, sílaba,
y oración de todos los verbos que ocurren en nuestro vivir.

Agosto, un caminar por sitios angostos

Soy Velimir, un loco con una eterna pasión,
del alcohol y los cigarrillos y también hacer el amor.
Mi círculo se ha alejado un poco,
me tratan en su mente de un vil y un loco,
pero en mí no habita el rencor,
mi humilde ser ha prestado atención a muchos,
y con mi canción que ni siquiera sostiene la rima con un poema,
te digo que mis poemas son muchos.
No salen en las radios, no han sido publicados en revistas,
pero por mis cercanías han sido muchas cosas vistas.

El recreo de mi sentir es mi locura,
y las clases que ahora tomo son las aventuras.
De un mendigo y vicioso con un corazón roto,
que navega entre cerveza y cigarrillo
conversando consigo mismo y aconsejándose día y noche, tal vez un poco.

Parte de mi cercanía me odia,
no por ser tan malo ni arrogante,
sino porque mis palabras en su corazón y en sus almas le arden.
Y por otra parte, siento que mi familia me odia,
será porque en cierta manera en mi sentir no abunda lo que a ellos les parece,
ya que mi ser solo con canciones de Sabina y Cabral se estremece.

Nací en agosto, el mes del león,
donde la fábula dice que no existe temor,
y por aquello mi ser cabalga por un camino angosto,
donde ocurre la verdad,
y las penas de nuestras almas son flores marchitas
anhelando y mendigando no tener cien años de soledad.

La metáfora del vivir y la esperanza de unreencuentro

No evitemos entregarnos mutuamente lo mejor de nosotros mismos,
aquel amor donde habitan las razones.
Solo deja que los besos y cada caricia
que viven día a día anunciando un amanecer,
causen un inmenso efecto.
Ella y tú sostienen sueños que juntarán en algún momento
las dos partes de la naranja.
Y aunque aquellos y ambos sueños sean distintos,
«recuerda», que los momentos son perfectos,
y en esa ilusión que se aviva y muere cada día
penando lo que es la sombra que muerden ambos labios,
ya mañana todo será la realidad de los cruces en las rotondas imperfectas,
que por algún motivo se chocaron uno a uno
en el más hermoso accidente y coincidencia de la vida,
causando cierta perfección, un azar eterno,
una suerte que sostiene un mágico sueño y una ilusión,
que es un inmenso y grandioso amor
que sobrevivirá hasta que ambos seres sean partícipes
de la partida y los pasos vividos por estos sitios,
que de por sí en todo aquello, abunda la esperanza
de volver a encontrarse en otro lugar,

en las mismas caricias y besos que causaron
las sonrisas de la explosión en su primer encuentro aquí en este mundo,
donde esas manos volverán en algún momento
a estrecharse y acariciarse nuevamente.

El sentir y el amor de la memoria

La desnudez de tu alma solo la verá
quien te acompañó en tu padecer.
La confianza no es un regalo,
sino un compromiso eterno de corazones,
donde residen momentos e instantes vividos
que serán una marca recíproca entre ambas memorias.

La suerte y el azar de nuestra muerte

Me despido con un gran café y un cigarrillo.
Siempre teniendo presente, que los alguaciles que están a cargo de la prisión de nuestras almas, nos liberen algún día,
y en su eterno e inmenso corazón no nos manden muertos
a disfrutar nuestra propia libertad.
Te hablo en cierto entendimiento de los demonios,
que juegan día y noche un juego sucio en contra de nuestras vidas,
donde los azares y la suerte son nuestra propia muerte.

Los giros, tu camino, y el poder de tu sentir

Si tu ser ha de confabularse con algo,
que primeramente lo haga con sus sueños, sus ilusiones y sus fantasías.
«Todo aquello es parte de ti mismo y te pertenece».
Y si todo fuese en malos rumbos,
solo tú tienes el poder de darle un giro
a los errores que se presentarán en esos caminos.

Los enigmas de todo suceder

Vamos camino al infinito, «recuérdalo», y aquello se llama eternidad.
«El 0 es un final reverso, un número conocido,
un principio donde su antes es un enigma, un secreto
ajeno a toda nuestra semejanza, al igual que, después del 100,
y los trillones que existen se manifiesta un infinito.
Aquella respuesta la tendríamos, si nos hubiésemos conocido
nosotros mismos antes de nacer, y después de la muerte saber
lo que irá a suceder».

La psicosis de lo real y lo irreal

Si nos mostrásemos uno a uno, cada uno de nosotros nuestra propia identidad,
sabríamos en realidad que todo está otorgado por la imaginación,
todo sueño, especies de ilusiones, golpes de fantasías,
y un poco más allá, todo lo real e irreal de acuerdo a nuestros credos,
que son lo primeramente abarcado por nuestras emociones y sentimientos
que nos mantienen en vida, la cual no sabemos si es una realidad
o un sueño en donde podremos algún día despertar.

Si somos felices y nos suceden alegrías en ciertos momentos,
todo es una especie de realidad y no querer nunca despertar,
y si nos llega el sufrir, y todo dolor que congela y apaga nuestro propio aliento,
en ese instante pensamos que todo es un sueño,
y anhelamos despertar o reencarnarnos en otra vida, en otro ser,
pero «nunca conocer la muerte».

Héroes en nuestro propio orgullo

La compasión en ningún grado es causada hacia uno mismo.
Inevitablemente nos creemos reyes y en cierto grado dioses de nuestro estar y existir
cuando sostenemos vida, y la vitalidad que ocurre en nuestros pálpitos
cuando creemos que nunca nadie, ninguna peste, ningún episodio crítico
nos tocará de alguna forma o algún modo de vida.

Ciertamente la compasión de cada ser humano es vista
por nosotros mismos a lo ajeno en toda situación de horror,
o lo que sea en base a momentos críticos de vivencias humanas.
Pero nunca nuestro ser, en primer plano y en nuestra propia humildad
en primera instancia está preparado para recibir la compasión
de nuestros semejantes y todos los demás,
ya que el orgullo humano por siempre tiende en su vivencia
a creerse un rey de su propio mundo cuando lo tiene todo,
y cuando agoniza su ser y se siente morir,
y a la vez sabe en sí mismo que ya está desvalido,
«odia lo que es la compasión».

Arena y estrellas, lo inmenso de la existencia

No haremos falta, y todo es una realidad en este inmenso y agraciado mundo.
Somos cada uno de nosotros unos granos de arena,
que con la humedad de las olas del mar se disuelven y desaparecen.
Pero nos quedan las humildes ambiciones, ilusiones y sueños del corazón,
los mitos, y lo oculto en esta existencia,
que tal vez, podríamos ser unas hermosas estrellas protectoras
de aquellos granos de arena que se disuelven,
«aquellos que son arena, y algún día serán estrellas protectoras al igual que tú y yo».
El que entienda esto estará protegiendo desde algún sitio
a su sangre y su amada generación.

El sentir y el camino de las almas

Si rosara tu frente hoy en un beso, te darías cuenta en realidad
del fuego que nace del corazón.
Y si volviesen los calores
y los sueños de aquel verano imaginario,
nos daríamos cuenta
que la ilusión forma en parte los pasos de las vidas,
que la luna es siniestra
si no nos acompaña con su luz
en la soledad,
y si el sol se volviese traicionero y nos negase su calor,
podrido y débil sería el infierno,
de las fábulas y sus leyendas,
donde la arena mendiga
sostener más granos que las estrellas del universo,
que con su luz destellan pasos y pasos,
senderos y caminos,
recogiendo los recuerdos de las almas,
que anhelando vida no cuidan
ni protegen su espíritu en el pensar,
creyendo que la carne y el cuerpo serán eternos.

Y cuando a cada quién los sueños nos muestran la verdadera muerte,
el cuerpo se pone sumiso intentando engañar a los cielos,
donde aquel dueño, de los cielos y de la tierra,
y toda la creación, nunca será sobornado
por su propia y amada creación.

Los colores de la vida

Las peras negras no existen,
las frutillas azules no existen,
los melones y las sandías plomas no existen,
las bananas o los plátanos rojos no existen,
pero sí existen los sentimientos y las emociones
que habitan en tu corazón,
donde sí permanecen todos los colores,
y así podríamos todos como sociedad
dar un curso distinto a lo que es ahora la humanidad,
y comenzar a vivir un mundo distinto,
tan distinto como puede ser la eternidad,
que en su prejuicio nos castiga con un comenzar,
que así, si ocurriere un castigo,
y si hubiese un canto de amor verdadero
y un partir donde comienza el querer y el amor gobernase,
no reclamaría la sociedad
«igualdad», no sería necesario.

Abrazando el sacrificio y tu destino

Y ahora, en la mansedumbre de la soledad, te das cuenta
de que los terraplenes de todo ámbito de vida son un tanto longevos,
y aquella continuidad llena de pálpitos en tu corazón
necesita serenidad y paz en cantidades exactas
para sobrevivir tenuemente tu propio camino.

Donde se sonríe en silencio, y se llora a mares en tu propia tristeza,
escalando con tu propio peso y sacrificio esas montañas,
y allí, cuando se presenta como espejismo aquella cima,
el hombre se motiva cruelmente a sí mismo
esperando que los espejismos que se muestran en las visiones
sean los más cercanos y reales posibles a tu objetivo
sin haber sido engañado por tu mente y tu corazón en aquel instante,
donde se cobija el cansancio de llevar cierta carga,
y en algún momento se anhela en la inquietud
y la intuición de las certezas esa meta
abrazada a esa inmensa cima,
que rebalsa la copa de sangre de tu destino
y que en algún momento será una eterna realidad.

Recorriendo nuestro destino

Recoge un extracto de toda aventura en tu vida,
«un papel, una palabra, aquella sonrisa, esa tristeza,
esos montones de risotadas y llantos que tuviste en borrachera,
recuerdos de aquella carta que con tu inmenso amor nunca fue recibida,
rescata la primera mirada de aquel escote que llamó la atención tu mirada,
la primera puesta de sol en tu vida,
el primer atardecer que te mostró la luna
y te hizo ver los principios y brillos y destellos de las estrellas,
el primer fruto de la naturaleza que hizo despertar el sabor de tus labios,
aquel objeto que llamó tu pasión
allí cuando se escapaba tu inocencia sana y pura,
no olvides la feroz pesadilla de tu vida,
que allí se destruyeron tus miedos,
nunca permitas que el olvido allane tu corazón,
que allí, esa policía no sostiene autoridad,
y la serpiente que todavía pena tu corazón
aquí en vida ya no tiene poder»,
y por sobre todo,
«este humilde poeta te dice,
que no olvides el primer beso y caricia de tu primer amor de la infancia,

ya que en ese poderoso sentimiento
habita lo que tú eres al día de hoy,
un hombre o mujer lleno de valores,
que en la inocencia e infancia
han sabido desde antes que nacieron,
la realidad de amar y querer con el alma y el corazón».

La eternidad del olvido

Ni sobrio ni borracho matarás al olvido,
y si la memoria en su anhelo quisiera corromper
los recuerdos que han dejado eternas marcas en tu alma,
ella, tan frágil y fuerte,
sonreirá o llorará en su calidez o frío,
en su tempestad o el florecer de su amanecer,
y solo cuando tu corazón muera,
tu último pálpito te recordará todo momento en tu agonía,
y así, el olvido te acompañará hacia la eternidad,
viajando junto a ti a otros cielos
marcando por siempre todos los pasos
de la memoria que habita en tu corazón.

Conociendo nuestro ser

Cuando sea sepultada tu soberbia, renacerá tu humildad,
y cuando tu propia herejía mate tu propia soberanía,
te arrodillarás a «Dios», tu Creador,
y allí, en tus pasos, cuando tu soberanía se dé cuenta
de que eres un simple humano, «reconocerás tus inmensos errores»,
y más allá, cuando tú y yo reconozcamos nuestro afiato desgraciado
hacia la testarudez, recién comenzaremos los pasos
de nuestra verdadera libertad.

Los funerales

Estoy rodeado de poemas, de una filosofía oculta,
y en ello no habita la realidad, solo los pasos de un loco,
un mendigo y un vagabundo, que se distrae solamente
en el amor, en el querer, y en aquello tan invasivo
para estos sitios que solo ocurre en este lugar
ficticiamente por un rato, allí cuando alguien muere,
«su funeral», y allí las promesas son eternas,
pero irónicamente solo duran un maldito segundo.

Detrás y delante de los corazones

Miente y sabré tu verdad,
dime tu verdad y sabré tu mentira.
Ese es el poder de ver la iris,
guardar silencio en tu vivir
y seguir tu propio curso
sobreviviendo como si nada
hubiese sucedido,
pero sabiendo en realidad
los pasos de la mentira
y la verdad que ocurre
detrás de cada corazón.

Los poderes de tu destino

«Si tu vida es un berrinche,
que también sea una fantasía
y una ilusión».

La virtud en los secretos

«Y si el silencio es tu mayor virtud,
que tu lengua sea el mayor secreto
en los pasos del amor y la verdadera amistad».

La infancia de un loco

Desde niño sostuve
eventos paranormales.
Mi madre me llevaba al médico
porque se me escapaba el aliento
y sucedían ataques
de no poder respirar,
veía imágenes aterradoras
en mi habitación,
eran reales en la infancia
y son más reales ahora
ya joven y un poco viejo.

Los médicos le daban opiniones
a mi madre con cierto consuelo,
diciéndole que sostenía
grandes problemas en mi sistema nervioso.
Ella, asustada y atemorizada
en esa década,
con su enorme y humilde sacrificio
que provenía del oficio de «asesora del hogar»,
me compraba aquellos sedantes
y vitaminas recomendadas
por aquellos doctores.

En principio todo andaba
en una especie de cierta normalidad
a mis pequeños cinco años
al ingerir esos suplementos
o en cierta parte medicinas.

El tiempo siguió su curso,
el reloj me traicionó años después,
allí en esas crisis
que con el paso de los años
fueron formando choques
e inestabilidades en los trances
de la conciencia,
tormentos y tempestades
que poco a poco iban sacando
de su sueño la conexión
que permanece entre la conciencia
y la inconsciencia,
aquella quietud que no muchos
entienden ni tienen el privilegio
de entenderla, y a la vez
el horror de ser despertada.

Mi ser a tan temprana edad
fue distinto y nadie se dio cuenta,
no hubo remedio,
solo quedaron los rasgos
y las voces extrañas
de muertos y vivos,
imágenes reales,
visiones extrañas
queriendo desarmar el naipe
de un niño y quitarle
lo mejor de su infancia.

Y a pesar que jugaba
a sostener entendimiento
en ciertas palabras
en el silencio de la noche,
aquellos profesionales de la salud,
y ante el reloj, ante la almohada,
que son dos tipos de vida
encajados en un mismo ciclo,
hasta el día de hoy
no han ni encontrarán solución
a estas pestes de lo paranormal.

Es por eso que creo en mi Señor
y Salvador Jesucristo.
Él es quien pone la calma en mi ser
con la presencia de su Espíritu Santo
en mi vida.
El que me consuela
y me otorga las ganas de vivir
por delante de todo abismo
y miseria que se presenta
cada día en forma de enigmas
y misterios atacando mi ser
y mi corazón,
mi alma en mis momentos
de silencio y soledad.

La separación, la tristeza que gobierna el alma

Nos duele un par de segundos
donde los recuerdos revueltos
en lágrimas pesan,
doblegando al olvido,
nos mostraremos ausentes
donde la ausencia
llena de tristeza
nos castiga en la soledad,
y por más que la soberbia
y nuestra soberanía nos ataquen,
la testarudez que habita
en nuestros sentimientos,
«siempre extrañaremos,
nunca olvidaremos
los errores mutuos
de nuestra sobrevivencia
que nos prometió universos
y abrazos sin final».

Misterios de la eternidad

No era un azar,
sino la vida misma
que estaba encajada y amarrada
a una suerte,
a un destino promulgado
y concentrado en el valor
y la comunicación
que conecta la conciencia
y la inconsciencia.

El naipe, los números,
las letras y todo misterio
sostienen una especie
de eternidad reversa e inversa,
donde cada ser
toma como un castigo
el no saber ni encontrar explicaciones.

El «allí»,
por siempre será mucho más conservado
en la vida que el «ayer»,
y que el «hoy»,
estos ya los hemos
y los estamos viviendo.

El «allí» sostiene sabor y aroma
a una eternidad
donde nunca sabremos
si sufriremos o reiremos.

Más allá del cielo

La esperanza es manifestada
a través del coraje
y la fortaleza de la vida,
es la inmensa fe
que todo ser natural sostiene
en reencontrarse algún día
en un más allá,
«en los cielos»,
con todo lo que más amamos
en esta ruta del vivir,
allí, en aquel día
cuando a nosotros
nos toque partir.

Enfrentamientos

Quien se estanca
es dominado por los miedos,
quien arranca de los miedos
morirá como un cobarde,
y quien los enfrenta,
«ganará o perderá»,
pero su morir
será en una eterna valentía.

Los rasgos y la luz de otros sitios

Y si perdiese la memoria
te seguiría amando,
y si mi mente ha de ser
día a día embestida
por mil demonios,
les canto a ellos
canciones de sala cuna,
para así dormir su maldad
y hacerlos dudar del amor
a sus infiernos,
porque con duda se razona,
en la discordia sobreviven
encuentros mágicos
más allá de las ilusiones,
donde brotan las incertidumbres
de los pasos de la muerte,
que con un sí y un no
lleno de temor seguimos viviendo
hasta que se apague la luz
de nuestros pálpitos
que cobran vida
como el destello de una estrella
cuando volvemos de aquel túnel,
especies de encuentros y abrazos
que cuando el destino te entrega
otra oportunidad, el abrazo
con la eternidad te devuelve
nuevamente a este sitio,

tal vez con la misión
de concretar los verdaderos sentimientos
que se cobijan y bailan
junto a la sonrisa y la tristeza
de cada corazón,
mientras ese abrazo inconcluso
solo te ha mostrado rasgos
de un más allá, haciéndote saber
que existen lugares y paraísos
un tanto más hermosos,
que con aquellas oportunidades
que te da la vida y el destino
aquí de aprender a amar
y querer de verdad
allí algún día podremos llegar.

Los cántaros de la vida

Piel de hierro es tu ser,
blanca es tu alma
hasta que conoce los deseos,
y el hierro de tu ser
se desvanece en el libre albedrío
que ha despertado en tu nacer
la conciencia,
aquella que nunca gobernará
tu inconsciencia
del doblez de tu alma
que reclama día y noche
la explicación y los sentires
de tus pálpitos.

No somos arena
que se destruye con agua de mar,
no somos lluvia
que se seca con el calor del sol,
no somos estrellas
que con su destello nos dicen la verdad,
y nuestra intuición vulnerable
no permite conocer
el secreto de aquella luz.

Somos lagunas sin peces,
sin fondo ni los adornos
de ciertos botes
que dan belleza
al paisaje oculto
e inherente a nuestro conocer.

Solo somos humanos,
la equivocación de los sentimientos,
donde los errores de la vida
nos permiten evolucionar
nuestra propia naturaleza
y nuestro propio corazón.

El abrazo de dos almas

Había una magia en sus ojos,
eso me enamoró,
una especie de enigma y laberinto
donde el fuego que habita en mi alma
quiso encontrar solución
a lo que decía su corazón.
Sus ojos eran un mar
lleno de olas de locura,
donde la tempestad
era su mejor compañía,
acariciaba su vida
en coraje y fortaleza,
bebiendo sus lágrimas
concentradas en el llanto
de una verdadera y hermosa
mujer valiente y luchadora.

Allí fue el encuentro,
tan nocturno y veloz,
que dos almas se unieron
a seguir juntos,
recorriendo los pasos
que nos quedaban de vida,
abrazándonos mutuamente,

llegándonos a conocer,
y dejándonos llevar
hasta que, en cierto momento,
se pudieron besar
mutuamente nuestras propias sombras,
acariciando el corazón
y nuestras almas
que van sin rumbo,
pero en amor caminando
entre la locura y la pasión
de los senderos de la vida.

El reflejo de tu propio ser

Burlarse de los demás
satisface el ego de los mediocres,
de aquellos que no han encontrado
el propio rumbo en su vivir.

La verdad y su silencio

El error más grande de la humanidad
es criticar y buscar detalles
en lo que no sabemos hacer.
El perdón más hipócrita de la vida
es pelar los dientes
engañando a tu propia conciencia,
y el peor de los errores
de la semejanza
es dar a luz las obras
que han nacido en el silencio
de tu propio corazón.

Las caídas del amor

Cuando te caigas,
pídele al suelo
que te levante.
Si ese porrazo
fue con sinceridad,
honestidad
y con un buen sentimiento,
ese mismo suelo
te levantará.

El vuelo hacia la eternidad

Si tus pálpitos
son ajenos a esta humanidad,
que vayan con fuerza
y llenos de amor
hacia la eternidad.

La compañía de tus recuerdos hacia la eternidad

Guarda los inmensos recuerdos
y situaciones que han causado
un gran golpe y un maravilloso amor
en lo más íntimo de tu ser,
guárdalos en los baúles
de tu alma y tu corazón.
Tal vez aquello te acompañe
cuando emprendas
el eterno viaje
hacia la eternidad.

Más allá de todo entendimiento

Te explicaré en la humildad
de cierta erudición dos aspectos.
Ni tú ni yo sabremos la respuesta.
Los sinónimos del diccionario
revelan visiones similares
de una palabra,
pero las emociones y sentimientos
sostienen un diccionario inmenso,
distinto e incomparable,
basado en la similitud
de toda palabra.

Algo tan extenso,
donde sobrevive un entendimiento
sin explicación,
a todo lo que habita
en el corazón,
y el sentimiento
que perdura en nuestro ser
y nuestra alma.

El 1 más 1 sostiene
un resultado exacto,
pero el 1 más 1
del alma y el corazón
no es exacto,
allí sobrevive un enigma,
un misterio,
como en las palabras
que nunca podremos identificar
con su verdadero significado.

Somos, como seres humanos,
un idioma tan vulnerable,
que ni ayer, ni hoy,
ni mañana encontraremos
la verdadera respuesta
a toda razón,
a toda explicación
que anhelamos conocer
en nuestra humanidad.

La conexión con tus sentimientos

Si las emociones y los sentimientos
que se arrancaron de ti en algún momento
por la culpa de tu soberbia y testarudez
se acercan nuevamente,
recíbelos con humildad,
ya que ellos son y serán
la paz que ha de inundar
tu corazón y tu alma
en calma y serenidad
para lo que te quede de vida.

Enfrentando la mierda del reloj

Esta es la verdadera mierda
que los verdaderos locos
debemos sobrevivir.
No compro cuentos
ni vendo cuentos,
y quienes se crean locos
son la eterna cobardía
sujeta a su propio
ego absurdo.
El verdadero loco
sufre y llora
esta maldición eterna
en vida.

Huesos de hierro y lágrimas frágiles

Se endurecieron mis huesos y mi alma
en el canto de las decepciones y las pérdidas
de los seres que he amado infinitamente en mi vida.
Y si a todos nos ha ocurrido esa irrepetible situación,
«apostemos en un gran amor en la ruleta de la vida»,
que si hemos de encontrar cierta victoria,
esto será el encuentro que día a día
proclaman nuestros recuerdos
y el verdadero soñar en los pasos del tedio
de sujetarse día y noche
en la desesperación y la tristeza
que moverá y conmoverá en lágrimas el cielo
reclamando una respuesta.

Los guiños y su sonrisa

En ocasiones le hablo a esas estrellas que destellan,
y con sus guiños me sonríen
alumbrando mis caminos
y los sueños de mi corazón.

«Cada quien sostiene eternos sentimientos»

Cada quien cumple sú misterio,
eso es temática del corazón,
cada quien razona en la memoria
y los recuerdos que habitan en nuestro ser,
cada quien carga su cruz
en la demora, el dolor hasta sentir su alivio,
cada quien sonríe y llora ciertos lamentos
cercanos a la melancolía
y la nostalgia de una copa de sentimientos
llena y vacía según sus momentos,
cada quien absorbe sabiduría
de acuerdo a lo otorgado por la vida,
cada quien en su soberbia ha sentido morir su alma,
cada quien sonríe y ha sido feliz en los senderos de su vida,
cada quien sostiene sueños e ilusiones
que se cumplirán y nunca serán,
cada quien conquista amores, besos y sostiene decepciones
en tus cartas de amor
que fueron quemadas por el fuego, el tiempo y la vida,
cada quien se somete al azar y la suerte
en algún lapso e instante en los caminos de su vivir,
cada quien sueña, llora y ríe
en los pasos de sus propias fantasías,
cada quien demora en su propia rapidez
reclamando a las estrellas y la vida

la soberanía y la traición del poderoso efecto
que causa el segundero del reloj,
cada quien «ama y odia» en algún momento,
eso es parte de la naturaleza y el sentir de las emociones,
cada quien se sujeta en los viajes
de los trenes de la existencia
con temor a lo que será nuestro destino,
cada quien se sonroja con un beso fantasioso
en la paranoia de una mirada,
cada quien se envuelve jugando
a ser rico y pobre en la ruleta traicionera
que ya está decretada
por los pasos y los senderos de la suerte,
cada quien imagina su canto de amor
en los silencios de la noche
anhelando maravillosos y hermosos amaneceres,
cada quien en su arte intenta,
por las mañanas, despertar una flor,
cada quien se subleva hacia su mismo ser
no queriendo reconocer sus errores,
cada quien siente felicidad en un abrazo
de una cercanía si es duradero y sincero,
cada quien sabe «amar», y aquello
por siempre será el eterno poder
del sentir y las emociones que provienen de vuestro «corazón».

La discordia del nacer

El curso de la vida te entiende,
uno mismo es el que no entiende el curso de la vida.
A eso se le llama el conflicto de la «duda y la razón».

Estrujando los momentos

La felicidad produce cierta melancolía,
una nostalgia tan inmensa,
y en ocasiones esas imágenes, esas vivencias,
provocan la caída de lágrimas,
un llanto tan alegre que sabe en su interior
que nunca nada es eterno, y solo
«hay que vivirlo».

Ejercicios distintos de la vida

Los trastornos no se eligen, «solo llegan»,
y ahí es donde tienes que combatir
otro ejercicio de vida en la mierda
y la desventura de la paranoia y la alucinación,
que probablemente en algún instante
será tu muerte súbita en la lucha contra los miedos
que un ser natural nunca experimentará.

«En esta tarde»

Esta tarde no ha de temblar
tu sentir si tú no lo permites,
no han de llover y caer lágrimas
de tu corazón si tu ser no anhela aquel suceder.
En esta tarde no habrá alegría
si tu alma no lo decide.
En este recorrido del reloj sobreviven
las emociones y los sentimientos guardados
en lo que son los caminos de tu vivir.

Si tu querer no quiere querer será por la agonía estancada
en la soberbia que todo ser vive,
y en ocasiones pone en prisión el verdadero y eterno amor
que con los egos absurdos
se apaga y se niega a la disculpa y el perdón.
En esta tarde nos sonríe el calor
de una primavera que parece verano.
En esta tarde se muestran los sueños y las ilusiones
que aunque existan tormentas en nuestro sentir,
con coraje y valentía se harán realidad ante toda adversidad.

En esta tarde se ríe y se llora, se apaga y se enciende la luz
de vuestros caminos de acuerdo a las emociones que suceden
en estos instantes gobernando nuestra mente,
pero no así vuestra memoria,
llena de recuerdos que han movido nuestro corazón
en una carrera que ha de conquistar una eterna meta
llamada «sueño e ilusión».

En esta tarde todo ser humano siente y desea ser inmortal
y cambiar el mundo, mover
y girar el mundo en la igualdad
donde no exista pobreza y sufrimiento.
En esta tarde, los cinco sentidos buscan sentir
y encontrar el sexto sentido,
que parece lejano, y se siente cercano
cuando vuestro corazón sostiene emociones
y el encuentro perfecto con la esencia de su nacer.

En esta tarde esperamos con ansias un anochecer estrellado
lleno de sus guiños acompañados de una luna hermosa
que alumbra nuestro camino en los silencios de vuestra íntima soledad.
En esta tarde hemos guardado como un hueso santo toda vivencia,
«el buen desayuno, el almuerzo
y la cena que se ha de disfrutar solitariamente o en compañía».
En esta tarde los paraísos de la vida
nos muestran la eterna y gran potestad,
la majestad y el poder de nuestro «Dios»,
que aquí, al día de hoy, nos mantiene vivos
en la inmensa esperanza y fe
de un gran y hermoso abrazo
con quienes hemos amado y han partido.

Los besos en los pasos de tu destino

No he besado tantos labios,
pero ellos saben que han sido una gran importancia en mi vida,
no por la caricia y el sentir humano,
sino por la maravilla y la enorme marca
que ha de quedar guardada en ambos corazones.
El primer beso sabe al encuentro con la inocencia
y el escape a los sueños que serán tu futuro.

Los besos en el intermedio son la sabiduría del «amor y el querer»
de una inocencia y fantasía,
que habitará por siempre en el corazón y vuestra mente.
El primero, el segundo, y todos los besos, son los pasos
de un destino en cofres guardados en la memoria donde no habita el olvido.

Pero, «el último beso es la enseñanza y la eterna sabiduría,
donde en los valores otorgados por un verdadero amor,
todo ser conoce la real fidelidad a los caminos y el destino
que nuestro Dios te ha puesto aquí en vida».

El verdadero conocer de los reales pasos del amor,
allí donde tu ser, de acuerdo a todo sentir y etapa de vida,
te enseña a amar hasta en tu último palpitar
con dirección hacia la eternidad.

Los sesos de un ser y su «verdad»

Si has de apedrear a tu semejanza,
y a ciertos seres, o a la multitud
que no acompaña tu ser
y no sigue los rumbos
que a causa de tu ego y tu mediocridad
anhela cierta potestad engañando a mentes vulnerables,
«mira un segundo tu corazón»,
y te darás cuenta
de que ni con siglos llenos de hipocresía y engaño
llenarás los vacíos de tu corazón
en la apariencia que quiere demostrar tu ser.

Solo sé tú mismo,
fuera de la ilógica que reclama tu ser
para vender conventos y misas
que en algún momento, «y día a día»,
muerden como un pitbull
tu propia paz ficticia que anhelas generar.

Solo sé tú mismo,
allí es donde habita, de acuerdo a un verdadero sentir,
«la eterna serenidad y tranquilidad de todo ser».
La hipocresía siempre se vestirá de payaso
intentando gobernar a la multitud inocente y vulnerable
al engaño de palabras
sin un iris real de acuerdo
a lo que predica su corazón y su alma.

Potestades de los caminos

Un trastorno te hará pensar y dudar
en lo que son los caminos de la vida:
«eso es la búsqueda y solución a todo enigma y misterio».
Una mente lógica solo te mantendrá quieto en tu mismo sitio.

Otras obras del autor

Emociones eternas

www.ingramcontent.com/pod-product-compliance
Lightning Source LLC
LaVergne TN
LVHW041136150826
845673LV00001B/14
9786125160942